Punktlandung im Hausverkauf

Tipps und Strategien für den Profi-Hausverkäufer

Ralph Guttenberger

Impressum
Die deutsche Bibliothek – CIP-Einheitsaufnahme

Guttenberger, Ralph:
Punktlandung im Hausverkauf
Tipps und Strategien für den Profi-Hausverkäufer

Print: ISBN 978-3-00-053608-3
E-Book: ISBN 978-3-00-053607-6

2., aktual. Auflage 2020

Redaktionelle Unterstützung, Design, Layout:
text-ur agentur Dr. Gierke, www.text-ur.com

Coverbild: Dominic Schulz Fotographie, Leipzig und Jessen (Elster)
Korrektorat: Janine Rommer-Noack
Druck: Books on Demand, Hamburg

Der Inhalt dieses Buches wurde mit größtmöglicher Sorgfalt erstellt. Herausgeber und Autor können nicht für Schäden haftbar gemacht werden, die durch die Anwendung entstehen. Sie übernehmen keine Gewähr für die Vollständigkeit und Richtigkeit der recherchierten und publizierten Informationen. Trotz sorgfältiger inhaltlicher Kontrolle wird keine Haftung für die Inhalte zitierter Links übernommen. Für den Inhalt der zitierten Seiten sind ausschließlich deren Betreiber verantwortlich. Vorsorglich wird darauf hingewiesen, dass verwendete Bezeichnungen, Titel und Logos, die einem marken- oder urheberrechtlichen Schutz unterliegen, hier nur zu informatorischen Zwecken genannt werden. Icons: fotolia @Dario Ferrando. Fotonachweise: S. 8/9 Shutterstock @LuckyImages/@Rawpixel.com, S. 44 fotolia @KB3/@Otmar Smit/@ArTo. Im Buch wird aus Gründen der besseren Lesbarkeit die männliche Form gewählt; gemeint ist immer auch die weibliche!

ISBN 978-3-00-053608-3
Printed in Germany

Inhaltsverzeichnis

Vorwort: Dieses Buch ist genau für SIE

Die Immobilienbranche erlebt in dieser Dekade einen Boom – erste Stimmen meinen sogar: eine Blase. Die Preise für Grundstücke, Immobilien und Häuser steigen in schwindelerregende Höhen, in manchen Städten und Umgebungskreisen – den nicht umsonst so genannten „Speckgürteln" – kann sich kaum ein Normalverdiener mehr eine Wohnung, geschweige denn ein Haus leisten. Kapital bringt bei fast keiner Anlageform mehr nennenswerte Zinsen – und gleichzeitig scheint das (Bau-)Geld billig wie nie. Da wäre doch eine Schwemme vorprogrammiert. Sie als professioneller Hausverkäufer müssten also in Geld und Gold schwimmen … oder?!

Und doch! Und doch ist es anspruchsvoll, als Profi-Hausverkäufer genügend Interessenten zu finden und sie zu Kunden zu machen.

Und trotzdem! Und trotzdem kommt der Interessenten- resp. Kundenqualifizierung besondere Aufmerksamkeit zu, weil es so viele zahlungskräftige Kunden dann doch nicht gibt.

Und besonders! Und besonders jetzt ist der Wettbewerb enorm groß und Sie müssen als professionelle Vertrieblerin, als professioneller Vertriebler im Bereich des vorgeplanten oder individuellen Hausbaus Ihr Abverkaufswissen und -können schärfen, um voranzukommen.

Und gerade! Und gerade jetzt hat der Profi-Hausverkäufer eine besondere Verantwortung, nicht an, in die Kreditfalle geratene Enthusiasten zu „verhökern", die den Abschluss sowieso kaum zum profitablen Ende werden bringen können.

Und ja! Und ja! Sie werden als professioneller Hausverkäufer trotzdem die richtigen Kunden finden und überzeugen, wenn Sie den

Strategien und Tipps in diesem Booklet, das ich speziell für Sie geschrieben habe, folgen.

Warum gerade ich – und warum gerade für Sie?

In meiner ersten Karriere war ich Jet-Pilot und -Ausbilder und das hat mich gelehrt, strukturiert zu denken, kühl abzuwägen und den möglichen Erfolg auszurechnen. Danach war ich erfolgreicher Unternehmer – habe in der Zeit über 17 Jahre im professionellen Hausverkauf äußerst lukrative, strukturierte Vertriebe aufgebaut. Und nun, in meiner dritten Karriere, wenn man so will, bin ich weiter Unternehmer und gebe als Geschäftsführer eines Weiterbildungsunternehmens mein konkretes, äußerst praxisnahes Wissen aus Vertrieb allgemein und aus dem professionellen Hausverkauf speziell an andere weiter. Und daher habe ich GERADE FÜR SIE dieses Booklet verfasst! Denn ich will, dass Sie überdurchschnittlich erfolgreich sind. Ich unterstütze Sie – mein Vertriebstrainer-Team unterstützt Ihr Unternehmen – mit all der Erfahrung und dem Erfolgswissen aus dem professionellen Hausverkauf, das wir haben.
Denn wir wissen, wie es geht! Professioneller Hausverkauf funktioniert, wenn wir die einzelnen Phasen, Entscheidungsstufen und Führungs-Wege aus Sicht des Kunden aufschlüsseln, strukturieren und als roten Faden für die Umsetzung nutzen. Das folgende Arbeitsblatt (Abb. 1) ist ganz grundlegend wichtig, denn an ihm entlang schlüssele ich in dem folgenden Booklet alles auf, was SIE wirklich erfolgreich macht. Und daher können Sie dieses Arbeitsblatt auch von der Website zum Buch, die ich für Sie mit vielen Inhalten gefüllt habe, kostenlos herunterladen:

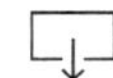

Arbeitsblatt „Unser gemeinsamer Weg“

www.punktlandung-im-hausverkauf.de

Unser gemeinsamer Weg

DATUM

Vertragsabschluss
- Abschlussbesprechung des Hausentwurfes
- Abschluss Bauwerksvertrag
- Besprechung des weiteren Vorgehens

DATUM

Projektbesprechung
- Vorstellung der Projektvorschläge
- Besprechung und Ergänzung der Entwürfe
- Vereinbarung des Vertragstermins
- Aushändigung Vertragsentwurf

DATUM

Grundstücksbesichtigung
- Aufnahme Daten Ihres Grundstücks
- Sichtprüfung von Besonderheiten
- Einsicht Bebauungsplan
- Das Umfeld Ihres Grundstücks

DATUM

Wunschhaus-Analyse
- Ihr Traumhaus, Ihre Vorstellungen
- Was ist Ihnen wichtig?
- Finanzierungs-Check

Abb. 1: Arbeitsblatt „Unser gemeinsamer Weg“

DATUM

Ihr Einzug
- Endabnahme
- Hausübergabe
- Übergabe Ihres Hausordners

DATUM

Bau Ihres Hauses
- Grundsteinlegung
- Richtfest
- Baustellenbegehungen
- Vorabnahme

DATUM

Genehmigungsphase
- Einreichung Baugesuch
- Einreichung geforderter Nachweise
- Erstellung der Statik
- Baugenehmigung

DATUM

Projekterstellung
- Planungsgespräch
- Endauswahl der Hausausstattung
- Baugesuch erstellen

(Setzen Sie Ihr Teambild an diese Stelle)

Notizen

Praxis-Beispiel

Reflexions-Übung

Material zum Download

Alle Zusatzmaterialien und wichtigen Checklisten aus diesem Booklet stelle ich für Sie als Leserinnen und Leser zum kostenlosen Download zur Verfügung unter **www.punktlandung-im-hausverkauf.de**

Ich biete Ihnen in diesem Booklet viele Checklisten, Downloads, Praxis-Beispiele und vor allem konkrete Formulierungen an, die Sie direkt im Business einsetzen können, um mehr Umsatz zu machen, mehr Reichweite zu erzielen, mehr Kunden zu begeistern und höhere Marge zu erzielen. Diese sind mit entsprechenden Icons und zusätzlich einem QR-Code und einem Link gekennzeichnet, damit Sie das auch erhalten und nutzen können! Schauen Sie also immer nach den Icons!

Wenn Sie uns dazu direkt anfragen wollen: gerne! Ich bin immer unter **rguttenberger@kaltenbach-training.de** für Sie erreichbar. Und wenn Sie vertiefend weiterlesen wollen, so kann ich Ihnen wirklich und aus vollem Herzen mein neues Booklet empfehlen, das sich mit der Frage beschäftigt, wie Sie im professionellen Hausverkauf noch mehr passende Interessenten gewinnen: In „Profi-Hausverkauf: So füllen Sie Ihre Vertriebs-Pipeline“ verrate ich Ihnen viele Tipps und Strategien für die Neukunden-Akquise in der Bau- und Immobilienwirtschaft. Auch dieses zweite Booklet meiner kleinen Taschenbuch-Reihe in der ´Edition Vertrieb´ bietet Ihnen konkrete Praxisbeispiele und Downloads, mit denen Sie direkt arbeiten können. Sie sehen das Taschenbuch auf der übernächsten Seite und erhalten es – mit einer pesönlichen Widmung, wenn Sie mögen – direkt bei Kaltenbach Training – und natürlich auch überall im stationären Buchhandel und im Online-Buchhandel, z.B. bei Amazon: https://amzn.to/3dkLNb2

Die ganze strukturierte Vertriebssystematik erläutere ich übrigens mit vielen weiteren Praxisbeispielen in meinem beim renommierten Wiley-Verlag erschienenen Buch „Punktlandung im Vertrieb", das Sie bei Amazon oder auf meiner Webseite unter **www.kaltenbach-training.de/lp-buch-punktlandung** finden.

Und jetzt geht´s los:
Heben wir gemeinsam ab zur „Punktlandung im Hausverkauf"!

Ihr Ralph Guttenberger

rguttenberger@kaltenbach-training.de
www.kaltenbach-training.de

1

Die neue Rolle des Profi-Hausverkäufers: Experte für Kundenwünsche, Entscheidungshelfer und Vertrauensperson

„Wer hilft mir? Wem kann ich vertrauen?“ Das sind zwei Fragen, die sich wohl jeder Mensch stellt, der sich auf die Suche nach den eigenen vier Wänden macht. Sicherlich: So gut wie jeder Interessent wird sich heutzutage bei dieser Lebensentscheidung zunächst im Internet oder auch im Freundes- und Bekanntenkreis informieren. Aber bei einer - auch finanziell - so weitreichenden Investition wünschen sich die meisten Kunden einen Experten an der Seite, der sie auf Augenhöhe mit Fachkompetenz, Beziehungskompetenz und vor allem Entscheidungskompetenz berät. Der ethisch motivierte Experte, dem das Wohl des Kunden wichtig ist und der an der richtigen Stelle Entscheidungshilfen gibt - das ist die Beschreibung eines professionellen Hausverkäufers, den sich die meisten Kunden wünschen.

Die Unübersichtlichkeit des Marktes und die Erklärungsbedürftigkeit des Produktes „Haus“ führen zu der erhöhten Verantwortung des Verkäufers, die Motive und Möglichkeiten des Kunden in den Mittelpunkt seiner Vorgehensweise zu stellen. Mithilfe eines strukturierten Verkaufsprozesses gelingt es dem Profi-Hausverkäufer, den Kunden zielsicher zum Abschluss zu führen:

Fazit: In diesem Buch erfahren Sie kurz, knapp und bündig, wie Ihnen die Punktlandung im Hausverkauf gelingt. Sie erfahren, wie Sie vom Kunden als ethisch motivierter Experte wahrgenommen werden, von dem sich der Kunde gerne durch den Kaufprozess begleiten und führen lässt.

1.1 Verkaufen durch Führung, Vertrauen und Respekt

Schade eigentlich, dass „Führung" nicht mit „V" geschrieben wird. Denn dann könnten wir von den drei großen „V" sprechen, oder von den fantastischen Vs, um die es im Folgenden immer wieder geht: Vertrauen, Führung, Verkaufen.

Vertrauen, Führung und Verkaufen hängen zusammen

„Verkaufen und Führung" sowie „Vertrauen und gegenseitiger Respekt" im Sinne von Wertschätzung – das sind die zwei Seiten ein und derselben Medaille.

Die Medaille, das ist der Nutzen Ihres Kunden, der von Ihnen durch den Kaufprozess geführt wird. Die Wahrscheinlichkeit, dass Ihr Kunde ein Haus von Ihnen kaufen will, steigt mit dem Vertrauensgrad und der Wertschätzung, die er Ihnen entgegenbringt. Verkauf ist immer auf das Vertrauen und den Respekt des Kunden vor Ihnen als Experte und als Mensch angewiesen. Fehlt eines von beiden, wird sich Ihr Kunde niemals von Ihnen an die Hand nehmen lassen, sondern sich Ihnen vielmehr kategorisch verweigern und sich von Ihnen abwenden.

Albert Schweitzer hat es so ausgerückt: „Vertrauen ist für alle Unternehmungen das Betriebskapital, ohne welches kein nützliches Werk auskommen kann".

Wenn ich von „Respekt" rede, so ist echte Wertschätzung, Aufmerksamkeit und Ehrerbietung anderen gegenüber gemeint. Respekt und Wertschätzung dienen dem Verkäufer dazu, die Sinne des Kunden für das, was der Verkäufer sagt, rät und tut, zu öffnen und sich ihm anzuvertrauen.

Dies trifft punktgenau das, was mit dem Konzept „Verkauf durch Führung“ gemeint ist. Es geht um Berechenbarkeit und Anvertrauen: Verkauf durch Führung heißt, Sie führen den Kunden systematisch durch den Kaufprozess. Der Kunde weiß zu jedem Zeitpunkt der Kommunikation, welche Ziele Sie verfolgen und über welche Expertise Sie verfügen. Und darum vertraut er sich Ihrer Führung an.

Verkauf durch Führung heißt, Sie führen den Kunden systematisch durch den Kaufprozess

1.2 Stellen Sie die „Drei Ehrlichkeits-Fragen“

Wenn Sie die Führungs-Rolle im Verkaufsprozess übernehmen, bedeutet dies nicht, dass Sie dem Kunden Ihren Willen aufdrängen. Im Gegenteil: Es geht nicht darum, mithilfe einer bestimmten Verkaufsmethode den Kunden zu überzeugen – vielmehr eröffnet sich Ihnen die Möglichkeit, das Produkt und den Kunden von Anfang an in den Mittelpunkt zu stellen. Und dazu gehört, dass Sie gleich zu Beginn des Kundenkontakts die drei Ehrlichkeitsfragen klären:

Die ‚Drei Ehrlichkeits-Fragen“

- Ehrlichkeits-Frage 1: „Braucht der Interessent ein Haus von mir?“ (Sie klären die Kaufmotive.)
- Ehrlichkeits-Frage 2: „Will der Interessent das Haus bei mir kaufen?“ (Sie prüfen: Besteht eine stabile, belastbare Beziehungsebene zum Interessenten?)
- Ehrlichkeits-Frage 3: „Kann der Interessent dieses Haus und die damit verbundene Dienstleistung bezahlen?“ (Sie klären die Investitionsmöglichkeiten und -bereitschaft.)

Sie sehen: Sie erhöhen Ihren Ehrlichkeitsfaktor, indem Sie klären, ob Sie dem Kunden tatsächlich ein Produkt oder eine Dienstleistung bieten, die diesem wahrhaft nutzt und **seinen** Kaufmotiven entspricht. Sie verkaufen Ihren Interessenten nicht „ein Haus“, Sie verkaufen Ihnen IHR Haus, IHREN Traum, IHR Zukunftskonzept.

Denn Sie wissen: „Wenn ich eine Sache gut machen will, kann ich sie nicht für jeden machen!"
Konkret: Sie werden erst dann tätig, wenn Sie die drei Ehrlichkeits-Fragen mit einem eindeutigen und aus dem Herzen kommenden Ja beantworten können.
Häuser verkaufen ist vor allem ein Entwicklungsprozess, in dessen Mittelpunkt die Zukunft des Interessenten steht - und nicht die des Verkäufers.

1.3 Der Verkaufstrichter als Verkaufs- und Entwicklungsprozess

Nach der positiven Beantwortung der Ehrlichkeits-Fragen steigen Sie in den Verkaufsprozess ein. Ihr Ziel ist es, den Interessenten zum Kunden zu entwickeln.

Grafik Download

www.punktlandung-im-hausverkauf.de

Abb. 2: Interessenten zu Kunden entwickeln – die Stufen des Verkaufs- und Entwicklungsprozesses

Entscheidend dabei sind die drei Kontakte resp. Kontaktphasen

- „Telefonat",
- „Bedarfs- und Motivermittlung", gegebenenfalls ein Termin „Grundstücksbesichtigung" (wenn ein Grundstück vorhanden ist) und
- „Projektbesprechung und/oder Auftragstermin".

Diesen Kontakten werden wir uns in den Kapiteln 2 bis 4 ausführlich widmen.

Als ethisch motivierter Experte für den Hausverkauf überlegen Sie bei jedem Kontakt mit einem Interessenten, wie Sie eine respektvolle Vertrauensbeziehung zu ihm aufbauen, seine Bedürfnisse und Motive ermitteln und feststellen und welche Ausstattungsmerkmale und welche Serviceleistungen für ihn von besonderer Bedeutung für seine Kaufentscheidung sind. Diese Punkte sind „Kaufauslöser", die wir uns als grüne Lampen vorstellen können, die anzeigen: „Alles okay, hier geht's lang, go!" Als Profi-Hausverkäufer müssen Sie die Knöpfe drücken, die diese grünen Lampen leuchten lassen, um den Auftrag zu erhalten.
Wir schauen uns im Verlaufe dieses Buches an, welche Kaufauslöser Sie treffen müssen, welche Lampen also auf „grün" springen müssen, damit Sie mit dem Kunden am Ende eines jeden Kontaktes zu einer konkreten gegenseitigen verpflichtenden Vereinbarung gelangen – und damit zu einem verbindlichen Auftrag.
Die Checkliste fasst zusammen, worauf Sie in dieser Phase des Entwicklungsprozesses achten sollten.

Checkliste 1: Verkaufen besteht aus sechs Stufen, in denen Sie jeweils eine Reihe von Vereinbarungen mit dem Interessenten treffen:

1. Aufbau von Vertrauen und gegenseitigem Respekt
2. Analyse der Vorstellungen und Möglichkeiten des Interessenten
3. Bedürfnis- und Motivermittlung
4. Kaufauslöser, also die „grünen Lampen", ermitteln
5. Gegenseitige Verpflichtungen eingehen
6. Verbindlicher Auftrag

Damit Sie strukturiert, diszipliniert und zielsicher auf den Abschluss zusteuern können und Ihnen die Punktlandung im Hausverkauf gelingt, überlegen Sie bei jedem Kontakt mit dem Interessenten, welche Zielsetzung Sie verfolgen und wie es Ihnen am besten gelingt, diese Zielsetzung zu verwirklichen. Die nächste Checkliste zeigt Ihnen, welche Aspekte dabei zu beachten sind.

Checkliste 2: Vor jedem Interessentenkontakt machen Sie sich klar

√ Zielstellung des Kontakts
√ Zu verwendende Hilfsmittel (Präsentationscharts, Bilder, Zeichnungen, Modelle, Muster, Checklisten und Ähnliches mehr)
√ Fragen, die im Gespräch geklärt werden müssen
√ Gegenseitige Verpflichtung am Ende des Gesprächs
√ Was erhält der Interessent im Ergebnis des Kontaktes (etwa Prospekte, Bilder, Muster)?
√ Interessenten-Qualifizierung: Welche Voraussetzungen muss der Interessent erfüllen, damit Sie mit ihm in die nächste Stufe des Prozesses gehen können?
√ Vorbereitung des folgenden Kontakts

Jetzt kann es eigentlich losgehen! Aber lassen Sie uns zuvor noch den Begriff „ethischer Hausverkäufer" konkreter fassen. Ich habe dafür „zehn goldene Regeln" entwickelt, die konkret zusammenfassen, um was es geht.

1.4 Die zehn goldenen Regeln des ethischen Hausverkäufers

Die zehn goldenen Regeln

- **Regel 1:** Ethisch motivierte Hausverkäufer führen Interessentengespräche auf Augenhöhe. Wer diese Einstellung hat, wird Kundenbeziehungen wie von selbst unter den Voraussetzungen der Ehrlichkeit und Glaubwürdigkeit aufbauen. Und er wird es dem Interessenten auch mitteilen, falls ein Produkt oder eine Dienstleistung wenig oder keinen Nutzen für ihn hat beziehungsweise für ihn nicht erschwinglich ist.
- **Regel 2:** „Verkaufen heißt Führen" bedeutet: Der Hausverkäufer als Experte nimmt den Interessenten an die Hand und geleitet ihn durch den Kaufprozess – bis zu seiner Entscheidung.
- **Regel 3:** Ethisch motivierte Hausverkäufer mögen Menschen: Geschäfte machen Menschen gemeinsam mit Menschen für Menschen.
- **Regel 4:** Ein Profi-Hausverkäufer vereinigt beides: den beziehungsorientierten Vertrauensaufbau und die abschlussorientierte Vorgehensweise, ohne dabei die Interessenten in Ihrer Meinung zu beeinflussen oder die eigene Meinung zum Maßstab zu machen.
- **Regel 5:** In dem komplexen Verkaufsprozess, der bei Häusern und den damit verbundenen Dienstleistungen vorherrschend ist, arbeitet der Verkäufer zu Beginn des Kundenkontaktes eher auf der Beziehungsebene. Mit fortschreitendem Verkaufsprozess gewinnt die Abschlussorientierung an Bedeutung. Der Verkäufer führt den Kunden

zielorientiert zu dessen Entscheidung – ohne die Beziehungsebene außer Acht zu lassen.

- **Regel 6:** Vertrauen entsteht, wenn der Interessent und Kunde spürt und weiß, dass der Verkäufer NICHT auf seine Unwissenheit spekuliert, sondern ihn aufrichtig informiert und auf seine Urteilsfähigkeit und Entscheidungskompetenz setzt.
- **Regel 7:** Ökonomische Ziele sind legitime Ziele des Verkäufers. Im Vordergrund steht jedoch, dass auf der anderen Seite des Verkaufstisches ein Mensch sitzt, der als Individuum wahrgenommen und behandelt werden möchte – mit all seinen Wünschen, Bedürfnissen und Erwartungen, Sorgen und Ängsten.
- **Regel 8:** Das „Verkaufsgenie“, das „alles“ mithilfe seiner angeborenen Fähigkeiten verkaufen kann, gibt es nicht. Die Erfolgsgrundlage des Profi-Hausverkäufers ist vielmehr das disziplinierte und punktgenaue Eingehen auf den Interessenten und Kunden.
- **Regel 9:** Der Interessent oder Kunde will davon überzeugt sein, dass der Verkäufer nicht sein Bestes will, also sein Geld, sondern das Beste für ihn erreichen möchte. Immerhin geht es für ihn um einen Teil seines Lebenskonzepts: Die Investition in ein hochwertiges Produkt – ein Haus ist oft etwas, das sich ein Kunde nur einmal im Leben leisten kann.
- **Regel 10:** Profi-Hausverkäufer agieren immer auf der Grundlage einer bewährten Verkaufssystematik und nutzen innerhalb dieses Rahmens Freiräume, wenn es notwendig ist. Mit hoher Disziplin setzen sie den strukturierten Verkaufsprozess um.

Reflexions-Übung: Überprüfen Sie doch einmal Ihren Ist-Zustand: Welche der „10 goldenen Regeln“ befolgen Sie bereits? Inwiefern? Wo gibt es Nachholbedarf? Welche Entwicklungsschritte müssen Sie wie und wann einleiten?

Fazit: Profi-Hausverkäufer nehmen ihre Interessenten und Kunden an die Hand und führen sie als Experten durch den Entwicklungs- und Verkaufsprozess. Dabei überzeugen und begeistern sie mit Ehrlichkeit, Respekt und Fachkompetenz.

2

Der telefonische Erstkontakt: Ihr Einstieg in eine lebenslange Kundenbeziehung

Ich möchte zunächst einmal auf eine wichtige begriffliche Unterscheidung hinweisen: Für den Profi-Hausverkäufer heißt der Gesprächspartner bis zur Auftragserteilung „Interessent" – danach, mit der Auftragserteilung, wird er für ihn zum eigentlichen Kunden. Darum ist im Folgenden immer dann ausdrücklich vom „Interessenten" die Rede, wenn betont werden soll, dass die Auftragserteilung noch bevorsteht.

2.1 Betonen Sie in der Begrüßungsphase Ihren Expertenstatus

Mit dem Erstkontakt-Telefonat verfolgen Sie zwei klare Ziele:

Die Ziele des Erstkontakt-Telefonates

- Sie wollen entscheiden können, ob es sich wirklich um einen Interessenten handelt, der sich zu einem Kunden entwickeln lässt (Interessentenqualifizierung)
- Wenn Sie dann aus den Antworten auf Ihre Fragen feststellen, dass der Interessent ein Kunde werden kann, vereinbaren Sie einen Ersttermin, also ein persönliches Gespräch zur Bedarfsermittlung.

Nehmen wir an: Ein Interessentenehepaar ist auf Ihre Firma oder Sie aufmerksam geworden. Sie rufen sie an – im Folgenden wollen wir diese Kunden Frau und Herr Andracek nennen. Herr Andracek ist am Telefon. Sie stellen sich wie folgt vor:

„Guten Tag, Herr Andracek. Hier ist Ralph Guttenberger vom Unternehmen Muster-Haus, ich grüße Sie." (Pause. Der Angerufene soll jetzt Sie begrüßen. So entsteht ein Dialog.)

Bitte melden Sie sich nicht zuerst mit Ihrem Namen. Warum? Der Interessent rechnet zwar vielleicht mit Ihrem Anruf. Aber er kennt Sie persönlich noch nicht. Indem Sie SEINE namentliche Begrüßung vorschalten, geben Sie ihm Zeit, sich auf das Gespräch einzustellen und sich Ihren Namen zu merken. Das ist auch deswegen sinnvoll, weil Sie ja nicht wissen, was der Interessent gerade macht. Vielleicht ist er abgelenkt, eventuell bearbeitet er gerade einen wichtigen beruflichen Vorgang. Wenn Sie gleich mit Ihren Namen einsteigen – „Ralph Guttenberger hier ..." –, besteht die Gefahr, dass sich Ihr Gesprächspartner noch nicht auf das Telefonat eingestellt hat und Ihr Name bei ihm nicht korrekt ankommt. Für jeden Menschen ist es unangenehm, wenn er den Namen des anderen nicht verstanden hat. Er ist dann damit beschäftigt, den Namen zu rekapitulieren und zu ergründen, wer da anruft. Seine Sinne sind somit nicht frei, dem Gespräch mit Ihnen zu folgen.
Gehen Sie nun zielorientiert vor und stellen Sie den Anlass des Telefonats vor. Das geschieht am besten wie folgt:

„Herr Andracek, Sie haben gestern bei uns angerufen und um Informationen zu unserem Hausprogramm gebeten."

Klug ist es, jetzt eine Pause einzulegen, um dem Interessenten Gelegenheit zu geben, sich diesen Anruf und die damit verbun-

denen Fragen ins Gedächtnis zu rufen. Vielleicht nutzt er die Pause auch, um sich Unterlagen hervorzuholen oder um im PC eine für das Telefonat relevante Datei aufzurufen.
Nennen Sie zu Beginn nochmals den Namen des Kunden – Sie wissen ja: Nichts hören wir Menschen lieber als unseren eigenen Namen. So erweisen Sie dem Kunden Ihre Wertschätzung – diese wertschätzende Namensnennung sollten Sie im Verlauf des Gesprächs ruhig mehrmals, jedoch auch nicht zu oft wiederholen. Dann geht es weiter mit:

„Sie teilten meiner Kollegin mit, dass Sie eine Beratung wünschen."

Wieder legen Sie eine kurze Pause ein – eventuell will der Interessent eine Zwischenfrage stellen. Die Worte sind mit Bedacht gewählt – sie halten das goldene Mittelmaß zwischen Interessentenanforderung und dem Anzeigen der Bereitschaft, dass Ihr Unternehmen und (natürlich) Sie bereit sind, dem Wunsch des Interessenten entgegenzukommen und eine Beratung anzubieten.

Beides wird zugleich deutlich: Der Kunde will etwas (er teilt den Beratungswunsch mit) und Sie sind bereit, diesem Wunsch zu entsprechen. Ein nicht so professionell agierender Hausverkäufer hätte eher zum Ausdruck gebracht: „Meine Kollegin hat mir gesagt, Sie wollen eine Beratung." Bei dieser Formulierung sind Sie, ein wenig überspitzt ausgedrückt, ein „Befehlsempfänger". Der Interessent könnte im schlimmsten Fall glauben, Sie würden die Beratung nur anbieten, weil Sie von der Kollegin dazu aufgefordert oder gar gezwungen worden wären. Die erste Formulierung ist eines Profi-Hausverkäufers, der als Experte eine Beratung übernimmt, würdig.

Fügen Sie nun noch hinzu:

„Für alle Ihre Fragen bin ich Ihr Ansprechpartner. Damit Sie und ich einschätzen können, ob unsere Zusammenarbeit für Sie Sinn macht, habe ich einige Fragen an Sie. Ist das so okay für Sie, Herr Andracek?"

Spüren Sie es? Sie trauen sich, selbstbewusst das Heft des Handelns in die Hand zu nehmen. Sie präsentieren sich als DER Ansprechpartner des Interessenten und geben unmissverständlich zu verstehen, dass Sie der Spezialist und Experte sind, der in der Lage ist, den Kunden durch den Verkaufsprozess zu führen und dabei jede, aber auch wirklich jede, offene Frage zu beantworten.

2.2 Ermitteln Sie den Bedarf durch zielgerichtete Fragen

Im weiteren Verlauf des Gesprächs ist es richtig, den Bedarf des Kunden so weit wie nötig zu klären, um sich für den Ersttermin ideale Startbedingungen zu verschaffen:

Checkliste 3: Bedarfsklärung beim Interessenten

- *„Wie haben Sie von uns erfahren?"*
- *„Wie lange beschäftigen Sie sich bereits mit dem Bau Ihres Hauses?"*
- *„Mit wem haben Sie sich bereits beraten?"*
- *(Ggf.:) „Warum haben Sie dort noch nicht gekauft?"*
- *„Wann möchten Sie in Ihr Haus einziehen?"*
- *„Auf welchem Grundstück soll Ihr Haus einmal stehen?"*
- *„Wie stellen Sie sich Ihr Haus vor? ... Was ist Ihnen noch wichtig?"*

- *„Wer wird alles mit in Ihr neues Haus einziehen?"*
- *(Ggf.:) „Haben Sie bereits eine Bauvoranfrage gestellt?"*
- *(Ggf.:) „Was wurde in diesem Zusammenhang genehmigt?"*
- *„Wann sind Sie unter welcher Telefonnummer am besten zu erreichen?"*
- *„Wer außer Ihnen ist für die Entscheidung zu dem neuen Haus noch wichtig?" – Dies sollten Sie wissen, damit Sie beurteilen können, wen Sie alles überzeugen und begeistern müssen. Spätestens an dieser Stelle müssen Sie also erfahren, dass es noch eine Frau Andracek oder andere wichtige Mit-Entscheider gibt.*

Diesen Fragebogen können Sie mit der folgenden kleinen Reflexionsübung noch besser auf Ihre persönliche Situation anpassen:

Bitte ergänzen Sie den Fragenkatalog um die Fragen, die sich Ihrer Erfahrung nach in so gut wie jedem Telefonat mit Interessenten ergeben. Gehen Sie dabei sehr gründlich vor: Die Frage: „Was ist Ihnen noch wichtig?" gibt Ihnen wichtige Hinweise für die grünen Lampen, also für spätere Kaufauslöser.
Überlegen Sie, was Sie noch wissen müssen, um eine saubere erste Bedarfsermittlung vorzunehmen. Welche Fragen haben Sie, welche Informationen benötigen Sie des Weiteren, um das Interesse des Kunden einschätzen und eine Interessentenqualifizierung vornehmen zu können?

Fazit: Sie vermitteln dem Interessenten durch den stringenten und klaren Fragenkatalog Ihre Zielgerichtetheit: „Der versteht was von seinem Job; der weiß, wo es lang geht" – das ist eine der Reaktionen, die Sie als Experte für den Hausverkauf auf Kundenseite hervorrufen möchten.

2.3 Treffen Sie verbindliche Vereinbarungen

„Werden Sie konkret“! – Das ist eine Aufforderung, die zum Schluss des Telefonats an beide Beteiligte ergeht: an den Interessenten und an Sie. Sie möchten wissen, woran Sie sind und eine verbindliche Aussage, ob sich der Interessent tatsächlich für Ihre Angebote interessiert. Und auch Ihr Gesprächspartner soll nun die Möglichkeit haben, den Wert und den Nutzen der möglichen Geschäftsbeziehung einzuordnen und sich verbindlich dazu zu äußern, ob er ein persönliches Kennenlernen und einen Ersttermin für sinnvoll erachtet.
Um zu dieser gegenseitigen Verpflichtung zu gelangen, haben sich die folgenden Formulierungen bewährt:

- „Jetzt weiß ich bereits einiges über Sie und Ihren Hauswunsch. Wie wollen wir nun weiter vorgehen?“
  Geben Sie dem Interessenten die Möglichkeit, Sie um einen Termin zu bitten. Die etwas rhetorisch klingende Frage ist ein wichtiges Instrument, um Sie als Experten zu positionieren, der den Interessenten durch den Kaufprozess führt: Dieser bittet Sie, den Experten, um einen Termin.

- „Dann schlage ich vor, dass wir uns zu einem Arbeitstermin in unserem Unternehmen/Musterhaus treffen und Ihr Haus gemeinsam planen. Passt Ihnen der ...?“

- „Bitte bringen Sie zu dem Termin ... mit.“

Mit diesem Vorgehen signalisieren Sie dem Kunden durch die konkreten Formulierungen: „Vertrauen Sie mir – ich weiß, was ich sage.“ Manche Verkäufer haben ein Problem damit, bereits das erste Telefonat so selbstsicher und richtungsweisend aufzubauen: „... dass wir ... Ihr Haus gemeinsam planen“ – diesen Satz kann nur jemand mit Überzeugung vortragen, der sich zu

100 Prozent damit identifiziert, die Führung im strukturierten Verkaufsprozess zu übernehmen. Und zwar zum Wohle des Kunden, der diesen Führungsanspruch dann auch (meistens) akzeptiert, weil der Hausverkäufer ihn mit seinen Fragen in den Mittelpunkt stellt.

2.4 Sorgen Sie für einen motivierenden Gesprächsabschluss

Wie bei einer Rede entscheidet neben dem ersten Eindruck auch der letzte Eindruck darüber, ob ein Anruf wirklich kundenorientiert verläuft. Der positive Gesprächsausklang ist genauso bedeutsam wie der motivierende Gesprächseinstieg. Darum: Bleiben Sie zum Gesprächsabschluss verbindlich; wiederholen Sie die wichtigsten Vereinbarungen nochmals, etwa so:

- „Für die Vorbereitung auf unser Gespräch am … um … Uhr habe ich mir Folgendes notiert: ..."
- „Es geht Ihnen besonders um ... oder ..."
- „Ihnen ist besonders wichtig, dass Ihr Wunsch-Haus ..."

Bringen Sie bei der Verabschiedung Ihre Wertschätzung zum Ausdruck, indem Sie noch einmal den Namen des Kunden nennen:

„Vielen Dank für das Gespräch, Herr Andracek, dann freue ich mich, Sie und Ihre Frau/Begleitung am ...(Datum des Termins) persönlich kennenzulernen."

Die verbindliche Verpflichtung wird nach dem Telefonat verstärkt, indem Sie dem Interessenten eine schriftliche Terminbestätigung, vielleicht verknüpft mit einer fachlichen oder emotionalen Information und Ihren Kontaktdaten, zusenden.
Ein **Tipp**: Sie sollten in diese Terminbestätigung ein Foto von sich

einbauen, so dass der Kunde, der Mensch am anderen Ende der Telefonleitung, sich auch ein erstes Bild von Ihnen als vertrauenswürdigem Menschen machen kann.

Checkliste 4: Was erhält der Interessent im Ergebnis der Stufe „Telefonat"?

√ Schriftliche Terminbestätigung

√ Foto des Hausverkäufers

√ Image- oder Kompetenzbroschüre, die darauf Lust macht, den Experten dieses Unternehmens kennenzulernen

2.5 So reagieren Sie richtig, wenn der Interessent nur ein Angebot haben will

Es kann sein, dass der Interessent äußert, er habe einen Grundriss und wolle nur ein Angebot dafür zugeschickt bekommen. Bedenken Sie dabei: Da wir hier über ein hochwertiges erklärungsbedürftiges Produkt sprechen, ist die einfache Zusendung von Angeboten eher kontraproduktiv. Und das in doppelter Hinsicht:

- Erstens kann der Interessent beim Vorliegen mehrerer Angebote kaum objektiv vergleichen. Dazu fehlt ihm das Know-how. Er kann am Ende nur davon ausgehen, dass alle Angebote das gleiche Haus der gleichen Dienstleistung mit dem gleichen Nutzen für ihn enthalten. Das ist jedoch schlicht und einfach nie der Fall. Da er das jedoch annimmt, wird er ausschließlich den Preis – und damit Äpfel mit Birnen vergleichen. Meine Erfahrungen besagen: Es gibt immer einen Wettbewerber, der das, was ich dem Interessenten vorschlage, billiger anbietet ... – aber es ist eben nicht dasselbe!

- Zweitens ist es angesichts der genannten Aspekte sinnlos, dass Sie sich mit der Angebotserstellung Arbeit machen. Es kommt sowieso nicht zum Kauf. Dieser Interessent wird so sowieso nie Ihr Kunde werden. Denn Sie konnten weder Ihre Persönlichkeit einbringen noch die besonderen Nutzenaspekte Ihrer Häuser für den konkreten Bedarf des Interessenten ermitteln und ihm präsentieren.

Experten versenden Angebote nur nach dem persönlichen Kennenlernen. Wir wissen alle: Experten gehen genau so vor. Der Arzt als Experte wird kein Therapie-Angebot machen, ohne den Patienten gesehen und untersucht zu haben. Der Rechtsanwalt als Experte wird kein Honorarangebot unterbreiten, ohne den Fall genau besprochen und recherchiert zu haben. Deshalb gelangen Sie in der Wahrnehmung des Interessenten nur dann – gemeinsam mit Arzt, Steuerberater und Rechtsanwalt – in die „Schublade“ mit der Aufschrift „Experte“, wenn Sie so vorgehen, wie dies auch die anderen Experten tun.
Bereits nach dem Ersttelefonat entscheiden Sie, ob Sie mit dem Interessenten weiterarbeiten oder sich höflich von ihm verabschieden. Dafür gibt es Entscheidungskriterien, die in jedem Hausverkäufer-Team abgestimmt werden müssen. Diese könnten folgendermaßen lauten:

Checkliste 5: Entscheidungskriterien nach dem Telefonat, nachdem der Interessent kein Kunde werden kann

- Die objektiven Voraussetzungen, ein Haus mit ihm realisieren zu können, sind nicht gegeben (z.B. Interessent gehört nicht zur definierten Kunden-Zielgruppe).
- Der Interessent will etwas, was Sie nicht leisten können.
- Er will keine Beratung, sondern nur Prospekte, Kataloge und/oder Vergleichsangebote.

Für solche Fälle sollten Sie eine gekonnte Absage parat haben. Die hört sich bei mir folgendermaßen an: „Herr/Frau..., wenn ich so vorgehe, würde ich Abstriche in meiner Beratungsqualität machen. Qualitätsabstriche mache ich generell nicht. Dann passt es gerade nicht. Sollten Sie sich jedoch einmal anders entscheiden, kommen Sie einfach wieder auf mich zu."

2.6 Beachten Sie die Bedeutung der Interessentenqualifizierung

Entscheidend ist: Stellen Sie von Anfang an dar, dass Sie dem Interessenten nicht die Zeit stehlen wollen und welchen Nutzen er hat, wenn er mit Ihnen zusammenarbeitet. Aussagen wie: „Sie haben doch bestimmt Zeit" oder: „Haben Sie mal eine Minute Zeit?", sollten Sie vermeiden. Besser ist die Betonung, Sie wollten sofort zur Sache kommen.

Je eher Sie vom ablehnenden Interessenten eine Entscheidung erhalten, desto mehr Zeit bleibt Ihnen für die wirklichen Kunden. Deshalb sollte Ihnen ein klares „Nein" lieber sein als ein unverbindliches „Vielleicht". Der telefonische Erstkontakt ist für Sie vor allem eine Interessentenqualifizierung!

Fazit: Mit dieser grundsätzlichen Einstellung signalisieren Sie, auch sich selbst gegenüber: Ich bin es, der die Richtung bestimmt. Der Interessent bestimmt das Ziel, ich aber bestimme, auf welchem Weg er dorthin gelangt.

Die Neukundenansprache und -gewinnung ist bei Profi-Hausverkäufern stets in einen strategisch ausgerichteten Verkaufsprozess eingebettet, der mit der Definition der Zielgruppen und der Qualifizierungskriterien der Interessenten beginnt. In der Vorbereitungsphase geht es darum, potenzielle Kunden mit dem „Idealkunden" abzugleichen und festzustellen, ob ein Kunde zu der Zielgruppe gehört, die Sie ansprechen wollen:

- Bei der *Zielgruppendefinition* bestimmen Sie Gruppen von Zielkunden, welche Ihre Häuser, die Bauweise und Ausstattung und Ihr Dienstleistungspaket mit hoher Wahrscheinlichkeit als wertvoll und passend einschätzen. Dazu fertigen Sie Kundenprofile an und legen fest, mit welchen Fragen am Telefon Sie ermitteln können, ob der Angerufene diesem Kundenprofil entspricht.
- Im Rahmen der Interessentenqualifizierung ermitteln Sie nach vorab abgestimmten Kriterien, welcher Interessent mit Ihnen in den nächsten Prozessschritt gehen kann. Sie entscheiden also, bei welchem Interessenten eine hohe Chance zum Abschluss besteht.

Fazit: Profi-Hausverkäufer unterscheiden sich vom Rest ihrer Zunft dadurch, dass sie bereits beim telefonischen Erstkontakt den unbedingten Anspruch haben, die Führung durch den Entwicklungs- und Kaufprozess zu übernehmen. Darum konzentrieren sie sich auf die aussichtsreichsten Interessenten. Sie arbeiten also keinen riesigen Telefonstapel ab, sondern gehen sehr gezielt vor und unterscheiden frühzeitig Interessenten von „Ausnutzern“ bzw. aussichtsreiche Interessenten von „hoffnungslosen Fällen“, um mithilfe Ihrer Vertriebssystematik zu vertraulichen Kundenbeziehungen und hochwahrscheinlichen Abschlüssen zu gelangen.
Hinzu kommt: Sie stellen ohne Umschweife gezielte Fragen und fokussieren sich auf die Darstellung des Kundennutzens. Damit geben Sie sich und dem Interessenten die Möglichkeit – und „zwingen“ ihn und sich gleichzeitig dazu –, sehr rasch zu bekennen, ob es sich lohnt, den gemeinsamen Weg fortzusetzen.

3

Die Bedarfsermittlung: Die Grundlagen für den punktgenauen Abschluss

Im Mittelpunkt der Bedarfsermittlung stehen

- der Beziehungsaufbau,
- die Bedarfs- und Motivermittlung und
- der Finanzierungscheck.

Das Ziel ist, einen weiteren Termin zu vereinbaren, der zum Auftrag führt – darum klären Sie auch die Frage der Finanzierbarkeit. Der Ersttermin findet im Büro oder Musterhaus statt. Ihre Aufgabe besteht darin, das Gespräch durch kluge Fragen und genaues Zuhören zu steuern und am Schluss zu einer verbindlichen gegenseitigen Verpflichtung zu gelangen. Je nachdem, ob der Interessent schon ein Grundstück besitzt oder nicht, kommt es zwischen der Bedarfsermittlung und dem Zweittermin zu einer Grundstücksbesichtigung.

Checkliste 6: Die Zielstellungen des Ersttermins

√ Aufbau einer Beziehung, die von Vertrauen und gegenseitigem Respekt geprägt ist

√ Bedarf professionell ermitteln

- √ Die Motive des Interessenten ermitteln
- √ Finanzierbarkeit prüfen
- √ Interessentenqualifizierung vornehmen
- √ Entscheidung über Grundstücksbesichtigung treffen
- √ Entscheidung fällen, ob ein Projekt-Vorschlag erstellt wird

3.1 Der nächste Kundenkontakt ist immer der wichtigste – Ihre exzellente Vorbereitung

Nachdem der Gesprächskontakt bisher über das Telefon erfolgt ist, begegnen Sie dem Interessenten jetzt zum ersten Mal persönlich. Ein spannender Moment, in dem sich rasch herausstellt, ob es Ihnen gelingt, sich in der Wahrnehmung des Interessenten als vertrauenswürdiger Experte zu positionieren. Darum sollte es sich von selbst verstehen, dass Sie sich auf den ersten persönlichen Kontakt mit dem Interessenten optimal vorbereiten. Die folgende Checkliste zeigt, welche Hilfsmittel ein Profi-Hausverkäufer im Rahmen seiner Vorbereitung nutzt.

Checkliste 7: Hilfsmittel für den Ersttermin

- √ Checkliste Bedarfsermittlung, Liste zu klärender Fragen
- √ Checkliste Finanzierungscheck
- √ Arbeitsblatt „Unser gemeinsamer Weg“
- √ Kalkulationsgrundlagen, ggf. Software
- √ eventuell Kurzvideo, Exposévideo, Imagevideo
- √ Prospekte und Bildmaterial zu Ihren Häusern
- √ Referenzen, Infomaterial für den Interessenten

Ich kenne einige gute Hausverkäufer, die es zuweilen an der notwendigen gründlichen Vorbereitung mangeln lassen. Dazu mögen die Routine und die Überzeugung beitragen, man verfüge über so viel Erfahrung, dass sich eine detaillierte Vorbereitung erübrige. Falsch gedacht! Denn ihnen fehlt noch einiges zum Profi-Hausverkäufer, der eine Punktlandung anstrebt, die zielsicher zum Abschluss führt.
Ein Profi-Hausverkäufer prüft vor jedem Kontakt anhand seiner Checklisten, ob alles an Bord ist, ob die Vorbereitung detailliert genug war und ob alle Informationen ausrecherchiert sind, die seinen Expertenstatus belegen – wie ein Pilot, der es auch nach 1.000 Flugstunden nicht unterlässt, die anscheinend selbstverständlichsten Dinge zu überprüfen. Dazu gehören heutzutage auch Ihre Recherchen zu den Kunden im Internet.
Und darum überlegen sich Profi-Hausverkäufer trotz Ihrer Expertise und Erfahrung eine konkrete Formulierung, mit der sie nach der Begrüßung in die Bedarfsermittlung einsteigen, zum Beispiel:

„Herr Andracek, wir gehen heute folgendermaßen vor: Zuerst erzählen Sie mir, was Sie sich vorstellen, wenn Sie über Ihr zukünftiges Haus nachdenken. Ich werde Ihnen dazu einige Fragen stellen. Danach sehen wir gemeinsam die Unterlagen zu Ihrem Grundstück durch. Am Ende sprechen wir über Ihre Vorstellungen zur Finanzierung Ihres Hauses und entscheiden, wie wir weiter vorgehen. Ist das so in Ordnung für Sie?“

Ein Profi-Hausverkäufer betreibt jede Vorbereitung auf ein Kundengespräch so detailliert und diszipliniert, als ob es sein erster Kundenkontakt wäre. Er lässt keine Routine einreißen. Und er spricht bei der Bedarfsermittlung alle elementaren Aspekte an, die zielsicher zur Punktlandung beim Hausverkauf führen.

Checkliste „Fragen beim Ersttermin"

www.punktlandung-im-hausverkauf.de

Checkliste 8: Diese Fragen klärt ein Profi-Hausverkäufer bei der Bedarfsermittlung

√ „Was hat sich seit unserem Telefonat bei Ihnen neu ergeben? Was hat sich geändert?"

√ „Mit wem haben Sie seitdem noch über Ihren Hauswunsch gesprochen?"

√ „Warum wollen Sie bauen? Erzählen Sie mal."

√ „Wie wohnen Sie derzeit?"

√ Ggf.: „Warum wollen Sie dort ausziehen?"

√ „Was stellen Sie sich vor, wenn Sie an Ihr zukünftiges Haus denken? Erzählen Sie mal."

√ „Wer zieht in das neue Haus mit ein?"

√ Ggf.: „Wie heißen die Kinder? Wie alt sind sie?"

√ „Was wollen Sie aus Ihrer jetzigen Wohnung mit in das neue Haus nehmen?"

√ „Was wird schöner sein als jetzt? Erzählen Sie mal."

√ „Was muss Ihr neues Haus unbedingt haben?"

√ „Was wäre noch schön?"

√ „Wie soll Ihr Haus von außen aussehen?"

√ „Wie viele Zimmer soll es haben?"

√ „Welchen Platz benötigen Sie für Ihre Arbeit oder Hobbys?"

√ „Was ist Ihnen noch wichtig?"

- √ „Und was noch?"
- √ „Sie haben sich ja bereits mit dem Bauen beschäftigt und das eine oder andere gehört. Was davon darf bei Ihnen auf keinen Fall passieren?"
- √ „Wann wollen Sie einziehen?"
  (Den Termin tragen Sie direkt in das entsprechende Datumsfeld des Arbeitsblattes „Unser gemeinsamer Weg" ein)
- √ „Auf welchem Grundstück soll Ihr Haus stehen?"
- √ „Welche Bauvorschriften gibt es dort?"
  (Lassen Sie sich die entsprechenden Pläne und Unterlagen zeigen.)

Alternativ (falls kein Grundstück vorhanden ist):

- √ „Wo suchen Sie ein Grundstück?"
- √ „Wie groß soll es sein?"
- √ „Was ist Ihnen bei Ihrem Grundstück besonders wichtig? Was noch?"
- √ „Wie viele Grundstücke haben Sie sich bereits angesehen?"
- √ Ggf.: „Warum haben Sie keins davon gekauft?"

3.2 Lassen Sie den Interessenten einen Wunschtraum entwickeln – und klären Sie die Finanzierbarkeit

Sie sehen, dass die Fragen und ihre Beantwortung verschiedenen Zwecken dienen: Sie erhalten so notwendige Informationen über die Vorstellungen der Interessenten, was ihnen wichtig ist und wovor sie Angst haben, bauen aber gleichzeitig eine intensive Beziehung auf, indem Sie zum Beispiel nach den persönlichen Lebensumständen fragen. So zeigen Sie, dass Sie nicht allein am zahlenden Käufer interessiert sind, sondern vor allem am Menschen, dem Sie bei einer existentiellen Lebensentscheidung Ihre Unterstützung, Expertise und Erfahrung anbieten.

Andere Fragen wiederum motivieren den Interessenten, seine Vision und seinen Traum vom eigenen Haus darzulegen. So starten Sie mit Fragen das Kopf-Kino des Interessenten. Der Gesprächspartner konkretisiert nicht nur die für Sie so wichtigen Erwartungen und Anforderungen an das Haus, er wird so auch seine Ideal- und Traumvorstellung konkreter fassen und eine Vision seines Hauses entwickeln: Es werden Wünsche geweckt. Begeisterung wächst. Wille zur Umsetzung entsteht!

Meine Erfahrung ist: Beim Verkauf eines Hauses an einen Menschen oder eine Familie bewegen wir uns, wie mit kaum einem anderen erklärungsbedürftigen Produkt, im Bereich der Wunschträume und Phantasien, einem Teil des Lebenskonzeptes. Wenn es uns gelänge, in die Köpfe von Tausenden Menschen zu schauen und zu sehen, welche Bilder darin entstehen, wenn diese Menschen an ihr zukünftiges eigenes Heim denken, würden wir Tausende unterschiedlichster Bilder sehen. Ihre Aufgabe als Profi-Hausverkäufer ist es deshalb, erst einmal dieses Bild so genau wie möglich in Ihren Kopf zu projizieren.

Dies gelingt durch die in der letzten Checkliste genannten Fragen. Das heißt: Wenn Sie diese Fragen stellen, werden Sie wie auf einer Kinoleinwand das Bild des Traumhauses Ihres Interessenten entstehen sehen können.

Fazit: Der Wert Ihrer Häuser, die Sie verkaufen wollen, bemisst sich daran, welchen Traum Sie im Kopf Ihrer Interessenten auszulösen vermögen!

Sie verstärken auch die vorhandenen Kaufimpulse und erfahren so – auch mithilfe des „Was noch?“ – nach und nach immer mehr über die „grünen Lampen“, also die Kaufauslöser und Kaufmotivatoren.

Ein weiterer wichtiger Aspekt des Ersttermins ist die Finanzierbarkeit: Dazu klären Sie die folgenden Fragen:

Checkliste 9: Der Finanzierungscheck

- „Wie viel wollen Sie in Ihr Haus investieren?“
- „Wie haben Sie diese Summe ermittelt?“
- „Wie stellen Sie sich Ihre Finanzierung vor?“
- Ggf. „Was können Sie sich über Ihre jetzige Miete hinaus vorstellen, für Ihr Haus monatlich zu investieren?“

Überlegen Sie, ob es sinnvoll ist, bereits jetzt einen Finanzierungscheck durchzuführen:

- „Welche Kaltmiete zahlen Sie jetzt?“
- „Was könnten Sie monatlich – über Ihre jetzige Miete hinausgehend – zusätzlich für die Finanzierung Ihres Hauses aufbringen?“
- „Wie schaut es mit Ihrem Invest für das Grundstück und die Nebenkosten aus?“
- „Wie hoch sind Ihre monatlichen Nettoeinnahmen?“
- „Was sind Ihre monatlichen Ausgaben?“
- „Wie viel verbleibt für Ihr Haus?“
- „Was sollte ich dazu noch wissen?“
- „Was liegt Ihnen darüber hinaus ganz besonders am Herzen?“

Um das notwendige Finanzierungsbudget zu berechnen, dient diese Faustformel:

Die Faustformel für das Finanzierungsbudget

$$\frac{\textbf{(Kaltmiete + X) x 12 x 100}}{\textbf{Zins + Tilgung}} = \textbf{mögliche Finanzierungssumme}$$

Dabei steht das X für den Betrag, der vom Interessenten zusätzlich zur jetzigen monatlichen Miete für den Kapitaldienst aufgebracht werden kann.

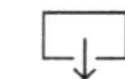

Arbeitsblatt „Finanzierungs-Check“

www.punktlandung-im-hausverkauf.de

Der Finanzierungs-Check spielt eine entscheidende Rolle im ersten Termin mit Ihrem Interessenten. Deshalb habe ich Ihnen ein Arbeitsblatt „Finanzierungs-Check“ zum Download bereitgestellt.

Fazit: Profi-Hausverkäufer leisten beides: Sie begeistern den Interessenten auf der sachlichen Ebene und ermitteln kühl und sachorientiert den Bedarf, die Erwartungen und die Möglichkeiten der Finanzierung. Zugleich verstehen Sie es, den Interessenten in seinen Träumen und seiner Vision vom eigenen Heim schwelgen zu lassen.

3.3 Knüpfen Sie von Anfang an ein Band der Sympathie

Der erste Eindruck spielt bei der Anbahnung von Kundenbeziehungen beim Ersttermin eine wichtige Rolle. Zum ersten Mal stehen sich der Interessent und Sie persönlich Auge in Auge gegenüber. Der Interessent bildet sich anhand Ihres Auftretens und Erscheinens binnen weniger Sekunden diesen ersten Eindruck. Und von ihm hängt es ab, wie viel Vertrauen und Sympathie er Ihnen entgegenbringt. Und das wiederum entscheidet weitgehend darüber, wie das Verkaufsgespräch weiter verläuft.

Wenn in dieser Phase etwas nicht nach Plan verläuft, droht der Absturz.

Wir können am anderen Menschen nur in seltenen Fällen unmittelbar seine Herzensgüte, Freundlichkeit und Zuvorkommenheit wahrnehmen. Und genauso unwahrscheinlich ist es, dass unser Gesprächspartner bereits bei der ersten Begegnung diese Charaktereigenschaften an uns wahrnimmt. Und der erste – subjektive – Eindruck wird meistens von Äußerlichkeiten bestimmt.

So können Sie Sympathiepunkte beim möglichen Kunden sammeln

Ein Profi-Hausverkäufer macht sich deshalb intensiv Gedanken darüber, wie er beim Erstkontakt bei seinem Interessenten Sympathiepunkte sammeln kann, ohne sich anzubiedern und an Authentizität einzubüßen. Der Interessent möchte seinem Gesprächspartner gerne vertrauen können – und darum gehören ein gepflegtes äußeres Erscheinungsbild, korrekte Umgangsformen und eine seriöse Ausstrahlung zu den Selbstverständlichkeiten, die ein Hausverkäufer beachten sollte. Zum einen signalisiert er damit Respekt und Achtung vor dem Interessenten. Zum anderen wird dieser sein Geld und seine zukünftige Lebensplanung niemandem anvertrauen wollen, der mit den Modeschöpfern dieser Welt auf Kriegsfuß steht.

Das Problem dabei: Hat der Interessent sich erst einmal eine negative Meinung gebildet, kommt der Verkäufer aus dieser Schublade nicht mehr so schnell heraus. Der Interessent schließt vom einen auf das andere: Wer nachlässig gekleidet ist, schlechte Umgangsformen hat, mit dessen Fach- und Beratungskompetenz kann es wohl nicht allzu gut bestellt sein. Warum sollte er also ein Haus von ihm kaufen?

Zum Glück gilt dies auch mit positivem Vorzeichen: Wir reden hier vom sogenannten Halo-Effekt. Nach diesem wird eine vermeintliche Stärke, wie die Schönheit eines Menschen, von Betrachtern unhinterfragt positiv auf andere, unterstellte Eigenschaften übertragen. Und darum achten Profi-Hausverkäufer auf die folgenden Aspekte:

- Sie legen Wert auf eine taktvolle Begrüßung, die dem Interessenten signalisiert, dass sie die Führung im Gespräch übernehmen wollen und übernehmen werden. Sie nutzen die Macht des intensiven Blickkontakts.
- Sie reichen den Interessenten die Hand mit kurzem, aber festem Druck. Wenn sie sich danach zum Beispiel an den Tisch im Büro oder im Musterhaus setzen, geleiten Sie sie zum Besprechungstisch und bestimmen die Sitzordnung.
- Sie stellen gleich zu Beginn Gemeinsamkeiten mit den Interessenten her.
- Sie wecken das Interesse der Gesprächspartner.

3.4 Gehen Sie kundenindividuell vor

Gerade bei dem Wunschtraum des eigenen Hauses sind Sie darauf angewiesen, kundentypbezogen vorzugehen. Profi-Hausverkäufer versuchen darum, bereits im Telefonat und in der Bedarfsermittlung – auch mithilfe der Informationen, die ihnen vorliegen – den Kundentyp festzustellen, um kundentypbezogene Strategien zu entwickeln und anzuwenden.
Laut Frank M. Scheelen können wir vier grundlegende Kundentypen unterscheiden, die in der Regel jeweils spezifische Verhaltensweisen an den Tag legen, die Sie im Gespräch berücksichtigen sollten. Natürlich werden Sie es in der Praxis meist mit Mischformen dieser Typen zu tun haben, doch erkennen Sie mit ein wenig Erfahrung schnell den bestimmenden Grund-Typen. Ein **Tipp**: Berücksichtigen Sie auch den Kundentypen

der Partnerin/des Partners bzw. wichtigen Mitentscheiders des Projektes. Meist müssen Sie beide „lesen" können und ihnen gerecht werden, um Entscheidungs-Begeisterung bei Ihren neuen Kunden hervorzurufen.

Die vier Haupt-Persönlichkeitstypen bei Kunden

- Der *rote Kundentyp* benötigt zur Entscheidung Fakten, konkrete Informationen und das Bau-Projekt muss ihm Größe, Macht, Bedeutung vermitteln. Er übernimmt gerne die Gesprächsführung und verlangt die Konzentration auf das Wesentliche. Er entscheidet gerne selbst und schnell – wenn das Projekt seinen Status unterstreicht.
- Der *gelbe Kundentyp* will begeistert werden; er sucht den Kompromiss und vermeidet die Konfrontation. Er zieht sich zurück, wenn es dem Hausverkäufer nicht gelingt, sich mit ihm auf derselben Wellenlänge einzuschwingen, seine Fantasie bzgl. des Bauprojektes zu beflügeln und auch eine kleine „Extravaganz" zu ermöglichen.
- Der *grüne Kundentyp* sucht die harmonisch-persönliche Beziehung zum Verkäufer und eine eher heimelige, ruhige Umgebung – das bezieht sich dann auch auf das Bau-Projekt. Er stellt persönliche Fragen, beeinflusst das Gesprächsziel wenig und akzeptiert die Meinung resp. Expertise des Verkäufers schnell.
- Der *blaue Kundentyp* ist meist hervorragend vorbereitet und hat schon sämtliche Varianten im Internet vorrecherchiert. Er verlangt schriftliche und präzise Hintergrundinformationen und ein eher förmliches Vorgehen. Er überlässt die Gesprächsführung gerne dem Verkäufer, so lange dieser sich an die präzisen Vorgaben und genauen Spezifikationen bzgl. des Bauprojektes hält.

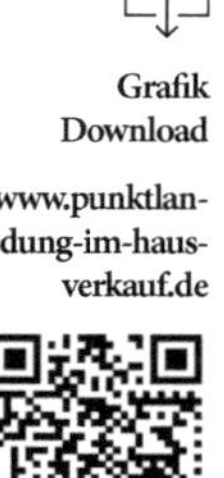

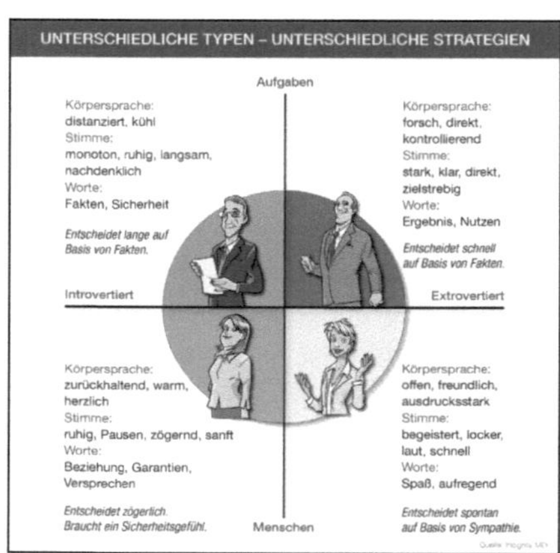

Abb. 3: Grundsätzliche Kundentypen. Quelle: Scheelen 2009, S. 20, leicht verändert

Die Abbildung 3 fasst die Kundentypen zusammen. Abbildung 4 veranschaulicht, zu welchen Haustypen die einzelnen Kundentypen tendieren würden, wenn es keine Budgetgrenzen gäbe.

Abb. 4: Die Kundentypen und ihre entsprechenden Traumhäuser

Und welchem Persönlichkeitstypus gehören Sie selbst an? Denn dann können Sie die Wirkung einschätzen, die Sie auf Ihre Interessenten haben und Ihr Vorgehen darauf abstimmen. Zur Selbsteinschätzung sind Selbstbeobachtung und Selbsterkenntnis notwendig, aber auch Gespräche mit Kollegen, Vorgesetzten, Mitarbeitern und Menschen aus dem Bekannten- und Verwandtenkreis helfen dabei. Gerade die Gespräche im privaten Kreis sind hilfreich, weil wir uns privat oft eher so geben, „wie wir wirklich sind".

So lernen Sie, den Kunden zu „lesen"

Die Selbstanalyse mag ja noch relativ unproblematisch sein. Wie jedoch können Sie zuverlässig erkennen, mit welchem Kundentyp Sie zu tun haben? Natürlich: Je länger eine Kundenbeziehung andauert, desto präziser fällt diese Einschätzung aus und umso mehr Informationsbausteine und Beobachtungen über Verhaltensweisen können Sie sammeln. Wie aber schaut es mit noch relativ unbekannten Interessenten aus, die Sie zum ersten Mal treffen?

Um Denk- und Verhaltenspräferenzen einschätzen zu können, bedarf es der Übung. Wer seine Wahrnehmungsfähigkeit schult, kann anhand der Körpersprache – denken Sie an die Haltung, die Bewegungen, die Gestik und Mimik des Interessenten – zumindest eine erste Einschätzung wagen. Allerdings: Diesen Eindruck sollten Sie dann im Gespräch vertiefen.

Auch die Sprechweise, die Stimme – also Lautstärke, Modulation und Tempo – und die Wortwahl, die verwendeten Formulierungen und Inhalte sowie die Werte, die einem Menschen wichtig sind, geben Auskunft über den Typus.

Nochmal: Damit erhalten Sie keine wissenschaftlich fundierten Aussagen – dafür müssten Sie die entsprechenden Test-Tools einsetzen -, aber wenigstens, sagen wir mal, fundierte Arbeitshypothesen, die Sie in der täglichen Praxis schon extrem voranbringen.

3.5 Entwickeln Sie kundentypbezogene Strategien

Diese Beobachtungen helfen Ihnen, eine immer konkretere Einschätzung vorzunehmen, um auf dieser Basis kundentyp-individuelle Strategien zu entwickeln, etwa:

- Den *gelben Kundentyp* interessiert besonders, wie sich seine Lebensqualität im neuen Haus verbessert und welche Details sein neues Haus unverwechselbar und stylisch machen. Es muss etwas Besonderes sein. Darum: Versuchen Sie, Begeisterung zu wecken. Führen Sie das Gespräch locker und entspannt, erzählen dem Interessenten Livestyle-Geschichten und arbeiten Sie mit lebendigen Beispielen. Vermeiden Sie ausschweifende und langweilige Erklärungen.

- Den *blauen Kundentyp* interessiert, wo in seinem neuen Haus Einsparungspotenziale liegen (Energie, Material), wie er das beste Preis-Leistungs-Verhältnis erreicht und wie das Haus rational ausgewogen geplant werden kann. Ihn überzeugt, was sich in der Vergangenheit nachweislich bewährt hat. Mit ihm schauen Sie also ZDF – dieser Kunde wünscht Zahlen, Daten und Fakten. Legen Sie ihm Tabellen, Testergebnisse und wissenschaftliche Untersuchungen als Belege vor. Absolute Seriosität ist alles – nehmen Sie sich Zeit für die Beratung und gehen Sie ins Detail. Geben Sie ihm das berechtigte Gefühl, „auf der sicheren Seite“ zu sein.

- Den *roten Kundentyp* interessiert, wie das neue Haus seinen Status und sein Prestige hebt, welche Ausstattung und welche Materialien sein Haus wertvoll wirken lassen, wie sich sein Vermögen durch den Immobilienbau vergrößert und welchen Ruf das Gebiet des Bauortes hat. Kommen Sie bei ihm rasch auf den Punkt, präsentieren Sie wenige, aber klar strukturierte und belegbare Argumente. Eine grafische Darstellung ist hilfreich. Stellen Sie das Ergebnis sowie die Effektivität und die Zielplanung in den Vordergrund. Treffende Analysen und Lösungsalternativen helfen diesem Interessenten bei der Entscheidungsfindung.

- Den *grünen Kundentyp* interessiert besonders, was seine Familie und ihn in dem neuen Haus sich wohlfühlen lässt und die Lebensqualität verbessert. Gemütlich muss es sein, der Bau darf mit keinen Risiken behaftet sein. Ihm ist wichtig, dass sich das neue Haus von der Nachbarbebauung nicht unnötig abhebt. Bauen Sie eine persönliche Beziehung zu ihm auf. Sicherheit ist ein wichtiger Punkt: Arbeiten Sie mit „Rundum-Sorglos-Paketen" und „Alles aus einer Hand"-Angeboten. Wenn möglich, bringen Sie Beispiele aus dem eigenen Erfahrungsbereich. Sprechen Sie freundlich und offen und tauschen Sie mit ihm zwanglos Ideen aus.

Fazit: Profi-Hausverkäufer, die ihre Persönlichkeitsstruktur und die der Interessenten einschätzen können, sind in der Lage, das Beratungs- und Verkaufsgespräch zielgenau auf die Erwartungen und Wünsche der Interessenten abzustimmen.

Profi-Hausverkäufer gehen wie kompetente Vertrauenspersonen, wie Psychologen oder Ärzte vor.

- Zunächst schafft ein Profi-Hausverkäufer eine entspannte Atmosphäre und Beziehung, die von Vertrauen und gegenseitigem Respekt geprägt sind (Analogie zum Arzt – dieser legt den Patienten auf die Ruhebank).

- Erst dann stellt er seine Fragen und hört aufmerksam hin (Untersuchung).
- Erst wenn er das Bild im Kopf des Interessenten in aller Deutlichkeit sieht, wenn er sich darüber im Klaren ist, was der Kunde wünscht, wovon er träumt, was ihm besonders wichtig ist und wovor er Angst hat (Diagnose), nimmt er ihn an die Hand und führt ihn zu seinem Ziel: zu dem Haus, welches dem inneren Bild des Interessenten am nächsten kommt (Therapie).
- Der Profi-Hausverkäufer präsentiert nicht sein Unternehmen, seine Qualifikation, seine Erfahrungen, er berät nicht, bevor er nicht das innere Bild des Kunden kennt. Auch ein Arzt würde vor der Untersuchung nie darlegen, was er studiert hat, welche Erfahrungen er in seiner langjährigen Praxis machen konnte, welche besonderen Krankheiten er erkannt und geheilt hat.

3.6 Mit Einfühlungsvermögen, Frage- und Zuhörkompetenz überzeugen

Ganz gleich, in welcher Phase des Kundenkontakts Sie sich befinden, ganz gleich, zu welchem Verkäufertypus Sie gehören, ganz gleich, mit welchem Kundentyp Sie zu tun haben: Es ist immer von elementarer Bedeutung, die Perspektive des Kunden einzunehmen und den Kontakt aus seiner Sicht zu interpretieren! Zugleich sollten Sie sich über Ihre *eigenen* Wertvorstellungen im Klaren sein. Viele Verkäufer begehen den fatalen Fehler, nicht in der Vorstellungswelt des Interessenten oder Kunden zu argumentieren. Der Grund: Sie sind Gefangene ihrer eigenen Wahrnehmungsraster – und über deren Tellerrand blicken sie nicht hinaus. Und dann fällt es ihnen schwer, Kundentypen zu erkennen, die außerhalb der eigenen Vorstellungswelt liegen – dazu ein Beispiel:

- Ein Hausverkäufer weiß, dass er wertkonservativ und auf Sicherheit gepolt veranlagt ist.
- Spricht er nun mit dem begeisterungsfähigen gelben Interessenten, wird dieser mit dem „konservativen" Argument, der Kauf einer Immobilie verleihe Sicherheit, wenig anfangen können.
- Wenn der Hausverkäufer jedoch aus seiner eigenen konservativen Vorstellungswelt heraustreten kann und äußert: „Ein Hauskauf ist immer auch für Menschen gedacht, die den mutigen Weg gehen wollen, eine Immobilie als Wertanlage zu sehen", ist das Argument auf die Vorstellungs- und Sprachwelt des Interessenten abgestimmt.

Fazit: Ein Profi-Hausverkäufer trifft allein durch die Wortwahl den emotionalen Aspekt, der für den Interessenten von höchster Bedeutung ist. Er ist immer in der Lage, die eigene Position in Frage zu stellen, von ihr abzurücken und darüber zu reflektieren, dass „es" auch anders sein könnte.

Dieses, auf den ersten Blick fast selbstverständlich anmutende Gebot, scheitert häufig in der konkreten Umsetzung! Gerade in schwierigen Gesprächsphasen drohen Verkäufer in das gewohnte Verhaltensmuster zu verfallen und sich im Zweifel auf die sichere und Stabilität verheißende Position zurückziehen. Und das ist eben immer die eigene Position, die auf der Selbstwahrnehmung beruht.
Der Profi-Hausverkäufer zeigt gerade im Umgang mit schwierigen Interessenten, in problematischen Gesprächssituationen

oder bei konfliktären Gesprächsgegenständen seine Fähigkeit zur Reflexion:

- Er analysiert die eigenen Motive, Ansichten, Einstellungen und Handlungen.
- Reflexion: Er macht sich selbst zum Objekt seines Nachdenkens.
- Er fragt sich: „Wie kann ich sicherstellen, dass meine eigenen Erkenntnisdefizite und Voreingenommenheiten nicht zu falschen Entscheidungen führen? Und wie kann ich mich von ihnen befreien und die Wahrnehmungsbrille des Interessenten aufsetzen?"

Werden Sie konkret: Legen Sie jetzt ein eigenes Typenprofil von sich selbst an. Machen Sie sich danach klar, welche Werte Ihnen dabei wichtig sind und worauf Sie selbst „anspringen". Üben Sie, Ihre nächsten Interessenten und Kunden stets gemäß der Typologie zu „lesen". Und dann machen Sie sich bei jedem einzelnen klar, wo die Schnittstellen und Übereinstimmungen, aber auch die Abweichungen liegen. Umso leichter wird es Ihnen fallen, dann gezielt auf die typologischen Stärken und Wünsche Ihrer Interessenten und Kunden einzugehen – weil Sie ein viel tieferes Verständnis und eine viel tiefere Wertschätzung dafür entwickelt haben!

Fazit: Ein Durchschnittsverkäufer verkauft so, wie er selbst gerne kaufen würde. Ein Profi-Hausverkäufer verkauft so, wie der Interessent oder Kunde gerne einkauft.

Hinhören bedeutet, Wertschätzung zu zeigen und gleichzeitig mehr über den Kunden zu lernen

Die Kompetenz, Fragen zu stellen, und die Fähigkeit, genau hinzuhören, sind zwei Seiten ein und derselben Medaille. In unserer Kommunikationskultur zählt der Sender mehr als der Empfänger: „Wann kann ich endlich loswerden, was ich sagen will?" – das scheint das Motto vieler Gesprächsrunden zu sein, bei denen der Dialog selten eine Chance hat. Die für ein aufnehmendes und verstehendes, mithin aktives Zuhören so elementar wichtige Aufmerksamkeitsspanne bricht bei den meisten Menschen bereits nach kurzer Zeit zusammen. Ungebrochen ist jedoch das Bedürfnis, Zuwendung von anderen zu bekommen, also das Bedürfnis, dass mir mein Gegenüber seine Aufmerksamkeit und damit seine Anerkennung schenkt. Wenn Sie also dieses Bedürfnis nach Zuwendung und aufmerksamem Zuhören bei Ihren Kunden befriedigen, haben Sie bereits einen großen Vorsprung vor vielen anderen Menschen seines Umfeldes.

Was heißt das für Sie als Profi-Hausverkäufer? Die Macht des aktiven Hinhörens befriedigt das menschliche Grundbedürfnis nach Anerkennung. Der Interessent spürt und merkt, dass Sie sich verstehend auf seine Vorstellungswelt einlassen wollen und können, um seine Erwartungen und Wünsche zu erkennen und ein entsprechendes Angebot zu unterbreiten. Die Konsequenz: Er fühlt sich ernst genommen, wertgeschätzt und wahrhaft anerkannt.

Auf der anderen Seite dürfen Sie nicht vergessen, dass Sie es sind, der den Interessenten durch den Verkaufsprozess führt. Das eine schließt das andere allerdings nicht aus – im Gegenteil! Denn es ist durchaus möglich, den Interessenten sprechen zu lassen und genau zuzuhören und trotzdem das Gespräch zu steuern – eben mit Fragen.

3.7 Berücksichtigen Sie alle Entscheidungsträger

Erkennen und erfragen Sie zudem, *wer genau* auf Interessentenseite an der Entscheidungsfindung beteiligt ist – und in welchem Umfang.

Wer ist der eigentliche Entscheider? Und wer ist zu berücksichtigen?

In meiner Zeit als Verkäufer von Einfamilienhäusern habe ich natürlich oft mit (Ehe-)Paaren zu tun gehabt. Die Partner verfolgten ab und an recht gegenteilige Ziele. Während es beispielsweise dem einen Partner eher auf Funktionalität und Kosteneffizienz ankam, legte der andere besonderen Wert auf Sicherheit, Gemütlichkeit und Ruhe. Oder der eine wollte es besonders gemütlich und zurückgezogen, der andere legte größten Wert auf Größe, Reputation und Image: das Haus als Statussymbol.

Problematisch wurde es immer dann, wenn ich nur mit einem der Partner oder Eheleute verhandeln konnte und die entscheidenden Fragen aus dessen Sicht beantwortet wurden. „Im Hintergrund" jedoch hatte der – oft ebenso entscheidende – Partner ganz andere Vorstellungen, von denen ich jedoch nichts erfuhr. Das führte dazu, dass Verhandlungsergebnisse, die für mich feststanden, beim nächsten Treffen wieder zurückgenommen wurden, ohne dass ich den Grund dafür erkennen konnte. Die Lösung besteht darin, generell immer beide – oder alle – Entscheidungsträger an einen Tisch zu bekommen.

Tipp: Führen Sie (außer in den *äußerst seltenen* Fällen, dass es sich wirklich um einen Einzelentscheider handelt) nie eine Bedarfsermittlung mit einer Einzelperson durch! Einzelpersonen bauen nur in seltenen Ausnahmefällen alleine ein Haus. Es sind fast immer Ehepartner, Familien oder Lebensgefährten, die gemeinsam ein Haus planen und bauen wollen. Der Ersttermin findet daher stets mit beiden resp. mehreren Personen – also *allen wirklichen* Entscheidern – statt.

Achten Sie zusätzlich auf Äußerungen wie beispielsweise: „Gut, dass Sie das sagen, da muss ich Rücksprache halten mit ..." oder: „Das werde ich wohl noch mit ... besprechen müssen", „Da frag ich mal besser..." und ähnliche. Fragen Sie sofort nach, um weitere Informationen zu potenziellen Mitentscheidern zu erhalten. Und kümmern Sie sich auch um diese!

Fazit: Ein Profi-Hausverkäufer zieht stets in Betracht, dass es im „Hintergrund" weitere Entscheidungsträger geben könnte – ja, wahrscheinlich wird! Er versucht, auch deren Interessenlage und Motive zu erfragen und so weit wie möglich zu berücksichtigen.

3.8 Bereiten Sie den Auftragstermin vor und formulieren Sie eine gegenseitige Verpflichtung

Wie schon zum Abschluss des telefonischen Erstkontakts ist es jetzt, zu diesem Zeitpunkt, Ihre Aufgabe, Verbindlichkeit herzustellen! Dafür formulieren Sie eine möglichst genaue verpflichtende Vereinbarung, mit der sich der Interessent einverstanden erklärt. Ihr Ziel ist es, den Auftragstermin vorzubereiten. Die folgende Formulierung hat sich dabei bewährt:

„Gegeben der Fall, wir unterbreiten Ihnen einen Projektvorschlag, der alle Ihre Wünsche enthält, und wir bleiben in dem besprochenen Investitionsrahmen, wie geht es dann für Sie weiter, Frau und Herr Andracek?"

Wenn sich der Interessent an dieser Stelle zustimmend äußert, können Sie mit der Vorbereitung des Auftragstermins fortfahren und den bisherigen Prozess wie folgt zusammenfassen und dem Interessenten damit einen konkreten Ausblick geben – denn Sie steuern den Verkaufsprozess:

„Dann interessiert es Sie nun sicherlich, wie es weiter geht?“

Arbeitsblatt „Unser gemeinsamer Weg“

www.punktlandung-im-hausverkauf.de

(kurze Pause und Zustimmung abwarten)
Arbeiten Sie nun weiter mit dem Arbeitsblatt „Unser gemeinsamer Weg“ (siehe S. 8/9). Sie erläutern Ihren Interessenten nun vom bereits eingetragenen Termin des gewünschten Einzuges an rückwärts, was alles im Prozess der Erstellung ihres Hauses passiert und getan wird. Die sich daraus ergebenden Zwischentermine tragen Sie in die entsprechenden Datumsfelder ein.
„Meine Aufgabe ist es nun, all Ihre Vorstellungen und die von mir aufgenommenen Daten in einem Projektvorschlag zu verarbeiten.
Ggf.: „In … Woche /… Tagen treffen wir uns dann auf Ihrem Grundstück. Ich mache mir dort ein Bild von Ihrem Bauplatz.
In … Woche /… Tagen kommen wir dann in unserem Büro (Musterhaus) zur Projektbesprechung zusammen.
Danach entscheiden wir gemeinsam, wie wir weiter vorgehen.
Lassen Sie uns direkt die beiden Termine fixieren, an denen auch Ihr(e)…… (Mitentscheider) teilnehmen kann/können.“
An der Stelle tragen Sie die letzten drei Termine in die Datumsfelder des Arbeitsblattes „Unser gemeinsamer Weg“ ein und händigen es Ihren Interessenten aus, nachdem Sie sich eine Kopie gezogen oder es für sich eingescannt haben.

Finden Sie nun ALLE Mitentscheider und deren Motive heraus. Mit Mitentscheider meine ich hier zum Beispiel die Mutter, die noch etwas zum Haus beisteuert, oder den Schwager, der bereits ein Haus gebaut hat und die Eheleute berät.

Falls Sie wissen, dass dem Interessenten das Angebot eines Wettbewerbers vorliegt, fügen Sie noch hinzu:

„Ihr Angebot von ... können wir im nächsten Termin gerne gemeinsam durchsehen. Wir finden dann gemeinsam heraus, was in diesem Angebot möglicherweise besser oder nicht realisierbar ist oder auch, was darin nicht bedacht wurde. Ist das so ok für Sie? Dann entscheiden wir, welchen Weg wir zusammen gehen."

Passen Sie die Musterformulierung bitte Ihren individuellen Gegebenheiten an. Entscheidend dabei ist: Sie übernehmen als Experte die Führung, Sie sagen sehr konkret und bestimmt, wie es verbindlich weitergeht kann, überlassen aber letztendlich dem Interessenten die endgültige Entscheidung.
Zugleich greifen Sie die Herausforderung auf, dass an der Entscheidungsfindung eventuell weitere Personen beteiligt sind. Wenn Sie bis zu diesem Zeitpunkt des Ersttermins noch keine Informationen zu einem Mitentscheider erfragen oder aus den Äußerungen des Interessenten heraushören konnten, sollten Sie jetzt die Gelegenheit dazu nutzen.

So gehen Sie mit Konkurrenzangeboten um: Selbstbewusst geben Sie dem Interessenten zu verstehen, das Vorhandensein von Konkurrenzangeboten sei für Sie eine Selbstverständlichkeit. Ebenso selbstverständlich jedoch für Sie ist: Sie verfügen über die bessere Problemlösung und können und wollen ihm dies auch nachweisen und belegen. Sie gehen durchaus mit Biss vor – aber ohne in der Vorgehensweise aggressiv zu sein. Sie können Gelassenheit zeigen – denn Sie wissen, dass dieser Interessent zu Ihrer Kunden-Zielgruppe gehört und Sie ihm die passenden zielgruppengerechten Leistungen zu bieten haben, die die Konkurrenz nicht im Leistungsportfolio führt.

Fazit: Bleiben Sie hart in der Sache, aber fair zum Gesprächspartner. Fachkompetenz und Selbstsicherheit in Sprache und Auftreten sowie Körpersprache helfen, den Weg zur Entscheidung der Interessenten zielorientiert zu führen, und ihnen dabei mit Wertschätzung und Empathie zu begegnen.

Damit ist die Bedarfsermittlung abgeschlossen. Natürlich dürfen Sie es nicht versäumen, sich angemessen zu verabschieden. Gestalten Sie die Verabschiedung typbezogen und wertschätzend – positionieren Sie sich nochmals als der Experte. Zugleich sollte er Sie – nach dem Motto: „Der letzte Eindruck bleibt" – nochmals als Experten und Kunden-Führer wahrnehmen. Fassen Sie die Ergebnisse des Gespräches noch einmal in Stichpunkten zusammen und vergewissern Sie sich der Zustimmung des Interessenten:

„Wir haben … besprochen. Dabei sind Ihnen folgende Punkte besonders wichtig:

- …
- …
- …

Frau und Herr Andracek, habe ich das so richtig zusammengefasst? (Pause. „Ja" des Interessenten abwarten) Wir sehen uns also am ... wieder! Vielen Dank für Ihr Vertrauen, ich freue mich auf unseren nächsten Termin."

Bitte beachten Sie, dass Sie immer beide Gesprächspartner resp. alle erschienenen Entscheider im Auge behalten.

Sprechen Sie diese auch unterschiedlich an – dies kann so geschehen:

- Beim *roten dominanten Interessenten*: „Ich freue mich, dass ich Ihnen helfen kann, Ihre hervorragenden Vorstellungen zu verwirklichen."
- Beim *gelben inspirationsorientierten Interessenten*: „Vielen Dank für das tolle und auch für mich anregende und wertvolle Gespräch."
- Beim *grünen harmonieorientierten Interessenten*: „Sie dürfen sicher sein, dass ich alles tun werde, damit der Bau Ihres Hauses auch bis zum Schluss so angenehm verläuft."
- Beim *blauen sicherheitsorientierten Interessenten*: „Ich freue mich, dass meine Expertise Ihnen hilft, Ihr Ziel sicher zu erreichen."

In aller Regel kommt es jetzt also zu jenem bereits verabredeten Zweittermin – es sei denn, im Verlauf des bisherigen Kontakts hat die Analyse ergeben, dass etwas dagegen spricht, etwa die Nichtfinanzierbarkeit des Projekts. Das heißt: Am Ende der Bedarfsermittlung prüfen Sie wiederum, ob der Interessent Ihr Kunde werden kann. Dafür wenden Sie die nachfolgenden Kriterien an:

Checkliste 10: Entscheidungskriterien nach der Bedarfsermittlung, nach denen der Interessent kein Kunde werden kann

√ Kunde kann das Projekt nicht finanzieren

√ Vorstellungen des Interessenten unter den konkreten Umständen nicht realisierbar

- √ Interessent gehört nicht zur Kundenzielgruppe
- √ Bauvorhaben ist auf dem Grundstück nicht genehmigungsfähig
- √ Interessent zeigt keine Bereitschaft zum Auftragstermin oder zu der Vorgehensweise entsprechend des Arbeits blattes „Unser gemeinsamer Weg". Er will zum Beispiel nur ein Angebot für den Grundriss, den er mitgebracht hat.

Sofern die Bedarfsermittlung jedoch Ihren Vorstellungen gemäß verlaufen ist, erhält der Interessent zum Abschluss dieser Phase des Verkaufsprozesses die Dinge, die in der nächsten Checkliste beschrieben sind.

Checkliste 11: Was erhält der Interessent im Ergebnis der Stufe „Bedarfsermittlung"?

- √ konkrete Information zum Auftragstermin
- √ Prospekt/Informations-Unterlagen
- √ Arbeitsblatt „Unser gemeinsamer Weg"

Und damit steht der Punktlandung im Auftragstermin nichts mehr im Wege! Damit auch dieser gelingt, sollten Sie den Verlauf der Bedarfsermittlung einer kritischen Reflexion unterziehen – und zwar in einer Bordsteinkonferenz.

3.9 Bewerten Sie in einer Bordsteinkonferenz die Bedarfsermittlung, und legen Sie die „grünen Lampen" fest

Die Bordsteinkonferenz ist ein probates Analyseinstrument des Profi-Hausverkäufers, der unmittelbar nach jedem Kundentermin prüfen will, wie das Gespräch mit dem Interessenten abgelaufen ist. Die Bordsteinkonferenz ist eine Zusammenfassung des Bisherigen und dient zugleich der Vorbereitung des Auftragstermins. Überdies bietet sie Hinweise auf verbesserungswürdige Aspekte und ermöglicht die Selbstreflexion: Was kann der Hausverkaufs-Profi bei seinen demnächst stattfindenden Ertsterminen verbessern?

Checkliste „Bordsteinkonferenz"

www.punktlandung-im-hausverkauf.de

Dieses Instrument heißt „Bordsteinkonferenz", weil es im Außendienst geboren wurde. Es handelt sich um eine Selbstreflexion unmittelbar nach dem Termin mit dem Interessenten – im übertragenen Sinn also, nachdem der Verkäufer vom Hof des Kunden gefahren ist und kurz danach noch einmal am Straßenrand – am Bordstein anhält.

Bei der Bordsteinkonferenz reflektieren Sie direkt nach dem Termin wichtige Fragen

Damit Sie die Helikopterperspektive einnehmen und den Kundenkontakt gleichsam „von oben" in all seinen Phasen aus der Distanz betrachten können, ist es hilfreich, wenn Sie sich nochmals die Formulierungen und Fragen vor Augen führen, die idealerweise bei der Bedarfsermittlung zur Sprache kommen. Stellen Sie fest, ob es Änderungsbedarf gibt und ob es – zum Beispiel – zielführend ist, beim nächsten Interessenten Umformulierungen vorzunehmen.

Fazit: Wichtig dabei sind die „grünen Lampen", also die kaufentscheidenden Punkte, die für den Interessenten von existenzieller Bedeutung sind. Das sind eigentlich starke Kaufmotivatoren, aber im Falle, dass sie nicht aufleuchten, eben auch starke Kaufverhinderer – also eher „rote Lampen".

So erkennen Sie auch die Kaufverhinderer, die „roten Lampen"

Die „grünen Lampen" sollten Sie bei der Projektbesprechung auf jeden Fall ansprechen und beim Interessenten zum Aufleuchten bringen. Insbesondere die Antworten des Interessenten auf Ihre Fragen: „Was sollte aus Ihrer Sicht auf keinen Fall passieren?“ und „Was ist Ihnen besonders wichtig?“ geben Aufschluss über die „grünen Lampen“ – und die „roten Lampen“, also die Kaufverhinderer.

Beides könnte jedoch auch etwas sein, was auf den ersten Blick nichts mit Ihrem Produkt zu tun hat.
So ist es mir in meiner Zeit als Verkäufer von Sanierungsleistungen passiert: Der Kaufverhinderer lag ganz woanders als vermutet. Dabei ging es um die Sanierung eines feuchten Kellers. Dazu musste der Keller des Einfamilienhauses an zwei Außenwänden komplett aufgegraben, die alte Isolierung abgetragen und eine neue aufgebracht werden. Am Ende des ersten Termins war alles klar. Die voraussichtliche Investition war besprochen und lag im Rahmen der Vorstellungen des Interessenten-Ehepaares. Wir waren uns auch sympathisch, die Sanierungsmethode hatte ich empfängerorientiert erläutert und die Zustimmung der Interessenten lag vor. Schließlich entwickelte sich dieser Dialog:

Guttenberger: *„Nehmen wir an, wir können Ihre Vorstellungen so realisieren und werden uns in dem gerade genannten Investitionsrahmen wiederfinden: Was machen Sie dann?“*
Ich erhielt aber nun nicht das erwartete klare „Ja, Herr Guttenberger, dann geben wir Ihnen den Auftrag!“. Im Gegenteil, es folgte ein schüchternes und verhaltenes:
Ehepaar: *„Na ja, wir holen uns dann doch noch ein zweites Angebot ein.“*
Ich war überrascht. Was war schiefgelaufen? Ich lehnte mich zurück und schaute abwechselnd beiden Gesprächspartnern in die Augen:
Guttenberger: *„Hm, ich kann verstehen, dass Sie sich noch Alterna-*

tivangebote einholen wollen. Worum geht es Ihnen dabei konkret, um die Sanierungsmethode oder um einen Preisvergleich?"
Ehepaar: *„Herr Guttenberger, Sie haben uns alles hervorragend erklärt. Aber mit dem Aufgraben unseres Gartens können wir uns noch nicht abfinden."*
Guttenberger: *„Welche Bedenken haben Sie da konkret?"*
Das **Ehepaar** antwortete: *„Vor drei Jahren haben wir aus Anlass der Geburt unserer Enkelin einen Baum gepflanzt. Der steht in zwei Meter Entfernung zum Haus. Der muss doch bestimmt weg?"*
Guttenberger: *„Wenn ich Ihnen garantieren könnte, dass der Baum erhalten bleibt, geben Sie mir dann den Auftrag?"*
Die **Eheleute** antworteten wie aus einem Munde: *„Ja, Herr Guttenberger, dann geht alles klar."*

Der „Kaufkiller", die „rote Lampe", war in diesem Fall also ein Baum, der für die Interessenten mit einem starken emotionalen Erlebnis verknüpft war. Die „grüne Lampe" war ganz einfach diesen Baum stehen zu lassen – natürlich konnte ich das im Vorfeld nicht ahnen. Und darum habe ich die folgenden Konsequenzen gezogen und zwei wichtige Tipps daraus für Sie abgeleitet:

Checkliste „Bedarfsermittlung"

www.punktlandung-im-hausverkauf.de

1. Stellen Sie immer die Vorabschlussfrage, denn sie zeigt Ihnen eindeutig auf, ob Sie im Verkaufsprozess dort sind, wo Sie glauben.
2. Seien Sie kompromisslos bei der Erfragung der „grünen Lampen" und der Kaufverhinderer.

Mein **Tipp:** Zu dem Verlauf des Kontakts mit einem Interessenten habe ich für Sie eine umfassende Checkliste erstellt, die den idealtypischen Ablauf der Bedarfsermittlung dokumentiert.

3.10 So nutzen Sie die Grundstücksbesichtigung optimal

Die Grundstücksbesichtigung ist ein zusätzlicher Termin, bei dem der Profi-Hausverkäufer das Grundstück des Interessenten begutachtet, die Daten des Grundstücks aufnimmt, seine Position als Experte unterstreicht und die Beziehungsebene zum Interessenten verstärkt.

Ist der Interessent noch nicht im Besitz eines Grundstücks – und das ist immer häufiger der Fall –, fällt dieser Termin weg. Es wird dann meistens die Vereinbarung mit dem Hausverkäufer getroffen, das Grundstück gemeinsam zu suchen. Die gemeinsame Grundstücksbesichtigung festigt die Beziehungsebene. Und genau das kann ein großer Vertriebs-Vorteil für Sie sein – aber darüber später mehr!

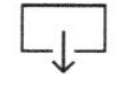

Checkliste „Grundstücksbesichtigung“

www.punktlandung-im-hausverkauf.de

Mein **Tipp**: Bei der Grundstückbesichtigung sind mehrere entscheidende technische und formale Aspekte zu berücksichtigen. Dazu habe ich Ihnen die wichtige Checkliste „Grundstücksbesichtigung“ zusammengestellt, die Sie als Käufer dieses Buches kostenlos herunterladen können.

Fazit: Das Hauptziel der Bedarfsermittlung ist es, eine Projektbesprechung zu vereinbaren. Dabei nutzen Profi-Hausverkäufer ein Set an Fragen und ein bewährtes kommunikatives Raster, das aus Formulierungen besteht, mit denen sie den Interessenten selbstbewusst und punktgenau durch den Verkaufsprozess geleiten. Dabei passen sie diese Formulierungen dem jeweiligen Interessenten kundentypbezogen an. Wer fragt, der führt – das gilt für Profi-Hausverkäufer mehr als für jeden anderen Verkäufer. Mit Fragen und durch genaues Zuhören steuern sie den Verkaufsprozess; zugleich erweisen sie ihren Interessenten damit ein Höchstmaß an Wertschätzung. Zu den Stärken der Profi-Hausverkäufer gehört die Fähigkeit, immer wieder das Vorgehen im Kundenkontakt kritisch zu analysieren, um Verbesserungsmöglichkeiten zu entdecken und entsprechende Veränderungsprozesse einzuleiten.

4

Die sichere Punktlandung: So laufen Ihre Projektbesprechungs- und Auftragstermine

Planmäßig schließt der Projektbesprechungs- oder erste Auftragstermin nach der gegebenenfalls durchgeführten Grundstücksbesichtigung den strukturierten Verkaufsprozess ab. Es gibt dann also drei Termine:

- Erstkontakt,
- Grundstücksbesichtigung und
- Projektbesprechungs-/Auftragstermin.

Dieser dreistufige Prozess passt meist dann, wenn ein Unternehmen Häuser auf der Basis von vorgeplanten Typenprojekten verkauft.

Bei frei geplanten Häusern setzen wir einen vierstufigen Verkaufsprozess an: Zu

- Bedarfsermittlung,
- Grundstücksbesichtigung und
- Projektbesprechung tritt dann der
- Auftragstermin

als eigenständige Phase.

Bei der Projektbesprechung werden die Projektvorschläge besprochen und diskutiert. Feinheiten und Sonderwünsche, die sich aus dieser Präsentation ergeben, werden dann in einem ausgewählten Projektvorschlag verarbeitet und abschließend kalkuliert; ein entsprechender Vertrag wird vorbereitet.

Im Mittelpunkt des Projektbesprechungs- oder Auftragstermins, der in der Regel wiederum im Büro des Hausverkäufers oder im Musterhaus stattfindet, steht die Präsentation alternativer Leistungsvorschläge. Dazu nutzt der Hausverkäufer vor allem die Drei-Vorschlags-Methode, die ich im Folgenden beschreibe.

4.1 Verwirklichen Sie vertrauensbildende Maßnahmen zwischen Bedarfsermittlung und Projektbesprechungs-/ Auftragstermin

Es gibt zwei wichtige Aktivitäten, die Sie als Profi- Hausverkäufer zwischen Bedarfsermittlung und Projektbesprechungs-/ Auftragstermin zu leisten haben:

1. die Ausarbeitung verschiedener Kundenproblemlösungen nach der Drei-Vorschlags-Methode und
2. die Pflege des Kontakts zum Kunden.

Sie haben am Ende der Bedarfsermittlung dem Interessenten ergänzendes Informationsmaterial oder Prospekte überreicht. Jetzt sollten – und werden – Sie proaktiv handeln: Die Zeit zwischen den Terminen sollte eine Woche nicht überschreiten.
Tipp: Meine Erfahrung besagt, dass die Begeisterung eines Interessenten nach einer darüber hinausgehenden Zeit fast wieder auf den „Vorher-Wert" zurückfällt – Sie müssen dann die Beziehung zum Interessenten neu aufbauen. Das heißt: Sie dürfen den positiven Kontakt nicht abreißen lassen. Bauen Sie

„Kundenbindungselemente“ ein, um den Kontakt zu intensivieren.

Alle Beteiligten – der Interessent und auch Sie – befinden sich in einer schwierigen und komplexen psychologischen Situation: Unser Ehepaar Andracek verfügt nun über die Zeit und Muße, über den bisherigen Kontakt nachzudenken und das, was Sie gesagt haben, zu reflektieren. Zudem wird es Gespräche mit anderen Personen führen, die ihre Entscheidung beeinflussen könnten. Vielleicht nimmt das Ehepaar Kontakt mit einem Ihrer Wettbewerber auf, holt sich „Alternativangebote“ ein und zieht weitere Informationen zu ihrem Traumhaus ein. Jetzt wird wichtig: Stärken Sie die Beziehungsebene – mit Anrufen danach und zwischendurch.

- Sie rufen den Interessenten an, um ihm noch eine wichtige Frage zu stellen, die für die Erarbeitung Ihres Vorschlags notwendig ist.
- Sie rufen ihn an – aber nicht, um zu beraten und zu verkaufen, sondern um die Beziehung und das Vertrauensverhältnis zu stärken.
- Ob das Telefonat eher kurz und sachorientiert oder mit längerem Small Talk stattfindet, hängt vom Kundentypus ab.

Es trägt zur Stabilisierung Ihres persönlichen Verhältnisses mit dem Interessenten bei, wenn Sie ihn zwischen den Terminen nicht langweilen – oder gar mit unnützen Mails „nerven“, was leider viele Verkäufer tun -, sondern mit nutzwertigen Informationen versorgen. Dies kann natürlich auch der aktuelle Newsletter oder der Infobrief sein, den Sie regelmäßig an Ihre Kunden und Interessenten verschicken – wenn er denn wirklich nutzwertig und nicht etwa nur Werbung ist.

Noch zielführender ist der Versand zielgerichteter Informationen zu dem Traumhaus des Interessenten. Wenn in der Zwischenzeit zum Beispiel in einer renommierten Fachzeitschrift über den gleichen Haustyp berichtet wird, sollten Sie sich als Vertreter eines sensiblen Marketings hervortun und diesen Artikel dem Ehepaar Andracek zusenden.
Oder Sie gehen einen noch ungewöhnlicheren Weg und lassen diese Infos per Kurier zustellen. Stellen Sie sich das Gesicht Ihres Interessenten vor, wenn ein Bote bei ihm klopft und ihm einen Umschlag überreicht, in dem er nützliche Informationen zu seinem Traumhaus findet. Dies wird die emotionale Bindung zwischen ihm und Ihnen ungeheuer verstärken.

Und die neuen Medien machen es möglich: Per Twitter oder E-Mail, per PN auf Facebook oder via Kurznachricht weisen Sie den Interessenten auf eine für ihn interessante Webseite hin oder senden grandiose Fotos ähnlicher Häuser, wie der Kunde sie wünscht, oder Informationen zur Beantwortung seiner Fragen zu. *Wenn* das Kommunikationswege sind, die Ihr Kunde nutzt – und auf denen Sie sich mit ihm verknüpft haben. Das wird natürlich immer stärker zur Normalität, je jünger Ihre Interessenten und Kunden sind.
Tipp: Machen Sie sich auch dort sichtbar und informieren Sie Ihre Kunden, sobald Sie validen Kontakt mit diesen auf den entsprechenden Plattformen haben, über solche für diese wichtigen Aspekte. Doch: Achten Sie darauf, dass Sie ihm mit diesen Aktivitäten nicht zur Last fallen! Insbesondere der rotdominante Interessent mag es überhaupt nicht, wenn Sie ihm ständig „auf die Nerven gehen" – der gelb-inspirierende Kundentyp aber ist auf vielen Plattformen aktiv und liebt es, wenn Sie ihn überraschen und eine Extra-Meile gehen.

Als Profi-Hausverkäufer haben Sie ja auf Basis der früheren Übungen in diesem Booklet registriert, welchem Persönlichkeitstyp Frau und welchem Herr Andracek resp. Ihre individuellen jeweiligen *Kunden und weiteren Entscheider* angehören. Sie haben natürlich auch die E-Mail-Adressen von beiden – gegebenenfalls sind Sie mit ihnen auf den oben genannten Social Media-Kanälen verknüpft. Einige Kundentypen erwarten von Ihnen heute, dass Sie sie auf verschiedenen Social-Media-Kanälen informieren und betreuen. Den Schritt müssen Sie (zusätzlich) gehen!
Deshalb versenden Sie nun typengerechte Informationen an den einen und den anderen. So bekommt Frau Andracek zum Beispiel Innendesign-Entwürfe und Herr Andracek Informationen zu dem Heizsystem zugesandt, über das Sie im ersten Termin mit ihm gesprochen haben.

4.2 Ihre professionelle Vorbereitung: „Sie wollen den Auftrag!"

Bereiten Sie sich mental und fachlich auf den Projektbesprechungs-/Auftragstermin vor. Mentale Vorbereitung bedeutet, dass Sie sich selbst versichern, dass Sie diesen Auftrag wollen – und auch bekommen! Ihre einfache Zielprogrammierung lautet:

„Ich will den Auftrag. Und ich bekomme den Auftrag."

Klingt Ihnen das zu simpel? Bedenken Sie: Elegante Programmierungen und smarter Code sind immer simpel geschrieben. Damit können Sie nicht hexen – klar! Und positives Denken alleine macht auch keine Umsätze. Aber die Visualisierung Ihres Ziels und die unterschwellige Programmierung darauf bewirken die Fokussierung Ihrer Kräfte. Das hilft!

Bei der Einstimmung auf den wichtigen Termin handelt es sich also keineswegs um plattes positives Denken. Allerdings: Permanente Schwarzseherei ist kontraproduktiv und genauso gefährlich wie ungerechtfertigter Optimismus. Forschungen besagen, dass Optimisten besser durchs Leben kommen und mehr Erfolg haben - aber auch größeren Schaden anrichten, wenn sie sich selbst überschätzen.
Letztendlich ist es meiner Ansicht nach am zielführendsten, wenn Sie als Profi-Hausverkäufer die Situation möglichst realistisch und vorsichtig optimistisch einschätzen. Reden Sie sich also nicht ein, der Abschluss werde wie von selbst gelingen, wenn Sie nur fest daran glauben. Verdeutlichen Sie sich aber auch, dass die Bedarfsanalyse gezeigt hat, dass die Auftragswahrscheinlichkeit relativ hoch ist, wenn Sie den weiteren Verlauf der Beziehung zu dem Interessenten ebenso professionell und kundenorientiert gestalten wie bisher. Von den Interessenten, die nicht zu Ihren Häusern und Ihnen passen, haben Sie sich ja bereits verabschiedet. Die sind nicht über Ihre Qualifizierungskriterien gekommen.

Fazit: Sorgen Sie dafür, dass Sie mit dem Selbstbewusstsein und der Selbstwirksamkeitserwartung eines Profi-Hausverkäufers in den Projektbesprechungs-/Auftragstermin gehen. Bereiten Sie Ihren Erfolg präzise vor: „Sie wollen den Auftrag – und Sie erhalten ihn!"

Die folgende Checkliste fasst die wichtigsten Aspekte Ihrer Vorbereitung auf den Projektbesprechungs-/Auftragstermin zusammen.

Checkliste 12: Hilfsmittel für den Projektbesprechungs-/ Auftragstermin

√ Ihre Überzeugung: „Ich will den Auftrag. Ich bekomme den Auftrag."

√ Checkliste Projektbesprechungs-/Auftragstermin

√ Projektvorschläge nach Drei-Vorschlags-Methode

√ Teambild, Bilder Ansprechpartner (erhält der Interessent nach Abschluss)

√ Bildmaterial (Visualisierungsmaterial), Referenzen

√ Bauwerksvertrag mit dazugehörigen Unterlagen (etwa Bauleistungsbeschreibung, Belehrung Rücktrittsrecht)

√ Zeitstrahl (Wie geht es nach dem Auftrag weiter?)

√ Kleines Geschenk

4.3 Angenehmes Gesprächsklima: Verknüpfen Sie die Termine miteinander

Tipp: Bei diesem Termin müssen Sie in jeder Phase des Gesprächs alle Energien mobilisieren, um die kleinste Veränderung im Kundenverhalten zu erspüren! Sei es, dass der Interessent Kaufsignale aussendet; sei es, dass er eine Frage hat, diese aber nicht ausspricht; sei es, dass er dabei ist, sich innerlich von Ihnen zu verabschieden. Sie sollten mithin alle Antennen ausgefahren haben, damit Sie diese Signale wahrnehmen und richtig deuten.

Und das beginnt schon bei der Begrüßungsphase, in der es (meistens) angebracht ist, mit einem Small Talk ein gutes Gesprächsklima zu erzeugen. Überlegen Sie sich kundentypbezogene Themen für den Gesprächseinstieg:

- Wählen Sie beim *roten Machertypen* ein Thema aus der Wirtschaft - gegebenenfalls seiner Branche oder seinem eigenen Unternehmen - oder dem Sport, bei dem es um Machtkämpfe geht ... und immer darum, „die Nummer Eins zu sein".

- Suchen Sie beim *gelben Inspiratorkunden* ein Zukunftsthema. Denkbar sind die nächsten Olympischen Spiele oder eine Weltmeisterschaft im Sport, bei der es auch darum geht, dass ein Land mit dieser Veranstaltung ein visionäres Zukunftsthema verknüpft. Oder ein neuer aufsteigender bzw. unter Style-Enthusiasten bekannter Architekt resp. eine Architektin, die oder der die ganze Welt von sich sprechen macht und ... es finden sich genau solche Elemente und Stil-Zitate bei dem Hausprojekt ... ja, sogar weiterentwickelt.

- Beim *grünen Kunden*, der in aller Regel ein ausgesprochener Familienmensch ist, bietet es sich an, das gemeinsame Hobby oder eine „familiäre Gemeinsamkeit" zu thematisieren. Wenn Sie wissen, dass die Tochter des Interessenten gerade auf die weiterführende Schule gewechselt hat, sollten Sie darüber small talken.

- Beim *blauen Sachtyp* ist ein Small Talk eher unangebracht. Er liebt es, gleich zur Sache zu kommen, und die Agenda für den heutigen Tag abzuarbeiten. Betonen Sie, wie sehr Sie es schätzen, dass der Interessent so rasch Zeit für den Termin gefunden hat.

Mein **Tipp**: Wählen Sie ein möglichst unverbindliches Thema, das wenig Konfliktstoff in sich birgt. Am besten meiden Sie religiös oder politisch motivierte Themen. Die meisten Menschen interessieren sich natürlich für Themen, die ihr jeweils persönliches Hobby betreffen. Darum ist es so wichtig, dass Sie mit der entsprechenden Übung Ihren Kunden und die Mit-Entscheider in ihrer Werte- und Motivwelt ergründet haben und daraus geeignete Small Talk-Themen entwickeln können.

Und so könnte es dann Kundentypen-spezifisch weitergehen:

- Der *rote Kundentyp* mag es nicht, wenn Sie um den heißen Brei herumreden. Er möchte kurz und konkret Ihre Vorschläge präsentiert bekommen.
- Der *grüne Kunde* will nicht unter Druck gesetzt werden und muss sich rückversichern können. Planen Sie auf jeden Fall genügend Zeit ein.
- Der *gelbe Kunde* hingegen kann mit Stress und ein wenig Zeitdruck ganz ordentlich umgehen, wenn er dafür kreativ sein darf. Beziehen Sie ihn bei der Präsentation mit ein.
- Der *blaue Kunde* verabscheut chaotische Strukturen und liebt es, ein auch zeitlich in geordneten Bahnen verlaufendes Gespräch zu führen.

Natürlich liegt es immer und bei jedem Kundentyp in Ihrem Interesse, wenn dieser Termin ohne Druck und Hektik durchgeführt werden kann. Denn so belegen Sie Ihre professionelle Vorgehensweise und legitimieren Ihren Ruf als Experte, „der weiß, was er tut, und dem die Kunden vertrauen können".

Jetzt ist der richtige Zeitpunkt erreicht, um den konkreten Bezug zum Ersttermin herzustellen. Fassen Sie die wichtigsten Ergebnisse des bisherigen Interessentenkontakts zusammen:

„Frau und Herr Andracek, wir haben beim letzten Mal die Daten für Ihr Traumhaus aufgenommen. Sie hatten mir mit auf den Weg gegeben, dass Ihnen dabei folgende Punkte besonders wichtig sind. [Sie gehen auf die „grünen Lampen" des Interessenten ein, also die Kaufauslöser.] Sind seitdem bei Ihnen noch Fragen aufgetreten oder möchten Sie noch etwas ergänzen?"

Vielleicht hat sich aufgrund Ihrer „Dazwischen"-Aktivitäten ein Gesprächsbedarf ergeben, der nun geklärt werden sollte. Aber selbst wenn zwischen den Terminen bereits der eine oder andere Aspekt besprochen werden konnte, sollten Sie die oben stehende Frage thematisieren, allein schon, um wieder Ihren Führungsanspruch im strukturierten Verkaufsprozess unmissverständlich anzumelden:

- Sie übernehmen die Initiative,
- fassen das Bisherige zusammen,
- beweisen Kompetenz und stellen wieder Vertrauen her, indem Sie sofort die neuralgischen Aspekte ansprechen, und
- übernehmen die Gesprächsführung durch wertschätzendes Fragen.

So beweisen Sie, dass Sie über eine gute Mischung von Fachkompetenzen und sozial-kommunikativen Kompetenzen verfügen – dies führt dazu, den Interessenten im Wohlfühlkorridor zu halten. Als Profi-Hausverkäufer wissen Sie, dass der Interessent so gut wie immer Fragen hat und auf deren Beantwortung wartet und ihm primär die „grünen Lampen“ unter den Nägeln brennen. Hier ist der Informationsbedarf wohl am größten. Lassen Sie uns in einer Checkliste die wichtigsten Fragen zusammenfassen, die Sie in dem Projektbesprechungs-/Auftragstermin klären sollten.

Checkliste 13: Diese Fragen klärt ein Profi-Hausverkäufer beim Projektbesprechungs-/Auftragstermin:

√ *„Sind seit unserem letzten Gespräch bei Ihnen noch Fragen aufgetreten oder möchten Sie noch etwas ergänzen?“*

√ *„Für welchen Vorschlag wollen Sie sich entscheiden?“*

√ *„Warum?“*

√ *Ggf. Einwandbehandlung und Preisgespräch*

√ *„Wann wollen Sie einziehen?“*

√ *„Wollen Sie gerne erfahren, wie es nach dem heutigen Treffen weitergeht?“*

√ *„Wollen wir nun so verbleiben?“*

4.4 Lösen Sie mit der Drei-Vorschlags-Methode Begeisterung aus

Jetzt ist der Rahmen abgesteckt, und Sie setzen die Drei-Vorschlags-Methode ein. Sie erinnern sich an die Bedarfsermittlung – dort haben Sie dem Interessenten versprochen, dass es Ihre Aufgabe sei, alle seine Vorstellungen und die aufgenommenen Daten und Informationen in einen Vorschlag aufzu-

nehmen. Dann haben Sie hinzugefügt: „Wie Sie wissen, gibt es immer mehrere Möglichkeiten, ans Ziel zu kommen. Ich werde Ihnen nun zwei bis drei Vorschläge erarbeiten" – diese Vorschläge stellen Sie jetzt in aller Ausführlichkeit vor.
Die Drei-Vorschlags-Methode hat sich als ideale Vorgehensweise für Profi-Hausverkäufer, die den Interessenten an die Hand nehmen wollen, herausgestellt. Die Drei-Vorschlags-Methode ist ein Bestandteil des Nachfrage-Sog-Systems©, das von dem im August 2013 verstorbenen Horst-Sven Berger für die Anwendung vor allem in mittelständischen Unternehmen entwickelt wurde.
Dabei erarbeiten Sie drei verschiedene Lösungsvorschläge, die den verkaufspsychologischen Vorteil besitzen, dass Sie dem Interessenten eine Wahlmöglichkeit eröffnen. Sie lenken und steuern den Prozess, aber der Interessent ist trotzdem derjenige, der entscheidet.
Die Interessenten entscheiden nun zwischen den drei Vorschlägen von Ihnen und nicht mehr zwischen Ihrem Wettbewerber und Ihnen.

Wie gehen Sie konkret vor? Ihre Aufgabe ist es, drei detaillierte Lösungsvorschläge zu erarbeiten, die eine „Minimalleistung", eine „Optimalleistung" und eine „Maximalleistung" umfassen. Jede der drei Lösungen hat ihren Preis, aber auch ihren Nutzen.

Fazit: Die drei Vorschläge umfassen Minimal-, Optimal- und Maximal-Paket. In der Drei-Vorschlags-Methode ist die Optimalleistung diejenige, die alle „grünen Lampen" des Interessenten aufleuchten lässt: Dies betrifft sowohl den Preis als auch den Nutzen.

Durch Ihre geschickte Fragetechnik haben Sie im ersten Treffen erfahren, was dem Interessenten bei seinem Hauskauf am wichtigsten ist und was keinesfalls geschehen darf, kurz: Sie kennen nun seine „grünen Lampen“ und auch die Kaufverhinderer ganz genau. Zugleich können Sie den – zumindest groben – Preisrahmen einschätzen, in dem sich seine Investition für sein Traumhaus bewegen soll. Aus diesem Informationspaket leiten Sie jene Optimalleistung ab. Sie stellen den Projekt-Vorschlag vor, nennen die Investition und definieren danach sehr konkret und ausführlich den Nutzen für den Interessenten.
Ganz wichtig: Wortwahl beachten! Vorschlag statt Angebot, Investition statt Preis. Der Grund:

- Ein Angebot kann der Interessent annehmen – und ablehnen. Ein Vorschlag hingegen ist etwas, worüber der Interessent nachdenken kann und soll – und unter mehreren Vorschlägen kann er wählen.
- Ein Preis ist etwas, was man notgedrungen zahlen muss. Eine Investition aber ist etwas, was Menschen proaktiv tätigen wollen, um etwas zu erreichen und einen Nutzen zu erhalten.

Dazu noch ein Tipp: Worte sind in unserem Unterbewusstsein mit Emotionen belegt. Ein „Angebot“ unterbreitet ein Verkäufer oder Dienstleister. Einen „Vorschlag“ unterbreitet ein Experte, ein Fachmann. Deshalb heißt das Konzept von Horst-Sven Berger auch Drei-Vorschlags-Methode – und nicht Drei-Angebots-Methode.

Was „Optimalleistung“ bedeutet, wissen Sie jetzt. Kommen wir zu den anderen Begriffen:

- Bei der *Minimalleistung* stehen nicht immer alle Lampen auf grün. Der Preis ist der geringste, aber auch die Leistung ist qualitativ und/oder quantitativ geringer. Dieser Vorschlag überzeugt durch seine niedrigere Investition. So ist zum Beispiel keine Garage im Vorschlag enthalten. Oder das Haus hat keinen Keller. Eine weitere Alternative für eine Minimalleistung: Es handelt sich um dasselbe Haus, aber ein oder mehrere Gewerke werden vom Kunden in Eigenleistung erbracht („Muskelhypothek").
- Bei der *Maximalleistung* eröffnet sich dem Interessenten ein Zusatznutzen. Es handelt sich um eine Luxusvariante – das kann zum Beispiel das Haus mit Keller sein oder mit einer Anlage zur Erzeugung von Solarenergie. Die Luxusvariante erfordert allerdings eine höhere Investition.

Die Drei-Vorschlags-Methode erhöht die Abschlussquote massiv!

Die Drei-Vorschlags-Methode

Kennen Sie die Zahlensystematik 15 – 55 – 30? Nun: 15 Prozent der Interessenten und Kunden, bei denen Anbieter die Drei-Vorschlags-Methode anwenden, entscheiden sich für die Minimalleistung. Über die Hälfte, nämlich 55 Prozent, wählt die Optimalleistung, während knapp ein Drittel die Maximalleistung bevorzugt. Das heißt:

Fazit: Die Drei-Vorschlags-Methode erhöht zum einen die Auftragswahrscheinlichkeit und die Abschlussquote! Und zum anderen kommt es aufgrund der Methode zu einem höheren Umsatz, weil sich 30 Prozent der Kunden für den Zusatznutzen entscheiden – und damit für die höhere Investition.

Die Abbildung 5 bietet eine Zusammenfassung.

Grafik Download

www.punktlan-dung-im-haus-verkauf.de

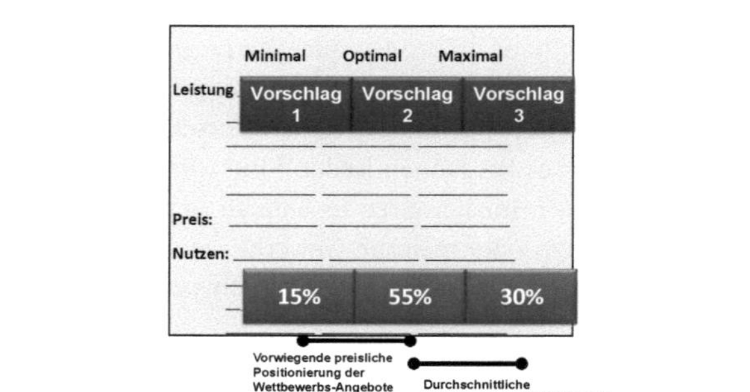

Abb. 5: Die Drei-Vorschlags-Methode im Überblick

Die Drei-Vorschlags-Methode hat die Vorteile, dass sie dem Interessenten ein Höchstmaß an Transparenz bietet und ihm Wahlfreiheit ermöglicht. Zudem kommt sie dem menschlichen Bedürfnis entgegen, zwischen verschiedenen Vorschlägen auswählen zu wollen und zu können. Mit dieser Methode führt der Verkäufer, und der Kunde entscheidet. Ganz gleich, wie sich der Interessent entscheidet, der Hausverkäufer ist auf einem guten Weg, den Interessenten zielsicher und punktgenau zum Abschluss zu führen.

Mit der Drei-Vorschlags-Methode ist der Profi-Hausverkäufer „voll in seinem Element". Als Experte kann er dem Interessenten seine komplexen und erklärungsbedürftigen Leistungen und die Unterschiede zwischen den Leistungspaketen veranschaulichen und erklären, das jeweilige Investitionsvolumen legitimieren und die Nutzenaspekte klar herausstellen. Natürlich wird der eine oder andere Interessent trotzdem nicht abschließen. Allerdings: Ich habe es in meiner Zeit als Verkäufer von Einfamilienhäusern oder Sanierungsleistungen oft erlebt, dass die Angebote der Konkurrenz – die dann auch so genannt wurden – zwischen meinem Minimalvorschlag und meinem Optimalvorschlag lagen. Selten kamen Konkurrenzangebote auch nur in die Nähe meines Maximalvorschlags.

4.5 Kreisen Sie den Interessentenwunsch durch Teilentscheidungen ein

Die wichtigste Frage, die Sie nach der Präsentation Ihrer drei Vorschläge stellen, ist natürlich:

„Zu welcher der drei Varianten tendieren Sie, Frau und Herr Andracek?“

Mein **Tipp**: Es ist klug, neben der Anwendung der Drei-Vorschlags-Methode den Interessenten immer wieder Teilentscheidungen treffen zu lassen, indem Sie zielführende Fragen stellen. Das folgende Beispiel zeigt, wie das funktioniert.

Angenommen, ein Interessent möchte eine bestimmte Haustür für sein Wohnhaus. So entspinnt sich ein Dialog, in dessen Verlauf der Profi-Hausverkäufer den Interessenten zu gleich mehreren Teilentscheidungen führt:

Nachdem der Hausverkäufer den Bedarf des Interessenten grob ermittelt hat, fragt er: *„Ihren Worten entnehme ich, dass Sie eine Haustür möchten, die gegen Lärm und Kälte gut isoliert ist?“*

Die Antwort des **Interessenten**: *„Ja."*
Die nächste Frage des **Hausverkäufers**: *„Wie wichtig ist Ihnen das Aussehen der Tür?"*
Interessent: *„Sie soll zur eher schlichten Fassade des Hauses passen."*
Hausverkäufer: *„Wenn ich Sie richtig verstanden habe, wollen Sie eine Haustür, die sich harmonisch ins Gesamtbild einfügt?"*
Der **Interessent** trifft die nächste Teilentscheidung: *„Ja."*
Der **Hausverkäufer** fragt nach: *„An welche Farbe haben Sie gedacht?"*
Interessent: *„Weiß, mit einem leichten Grauton."*
Hausverkäufer: *„Welche der beiden Türen, die Sie hier sehen, gefällt Ihnen besser?"*
Interessent: *„Das Modell X, denke ich, passt am besten."*
Der **Hausverkäufer** reagiert so: *„Gratulation zu Ihren klaren Vorstellungen. Diese Tür bietet Ihnen zudem einen optimalen Wärmeschutz. Wie wichtig ist Ihnen das?"*
Interessent: *„Sehr wichtig – bei den heutigen Energiepreisen."*

So führen Sie den Kunden durch Fragen zu Teilentscheidungen; das senkt die Hemmschwelle zum Abschluss. So werden mögliche Einwände früh erkannt – und nicht erst auf der Zielgeraden. Entsprechend leicht fällt es dem Interessenten, am Schluss zu sagen: „Ja, genau diese Tür will ich haben" – der Hausverkäufer hat sein Ziel erreicht. Und das wirft die Frage auf, wie er grundsätzlich mit Einwänden umgeht.
Dazu eine Anmerkung: Verkaufen Sie vorgeplante Haustypen und haben sich mit den Interessenten bereits im ersten Termin auf ein Typenhaus festgelegt, kann es bereits darauffolgend zum Auftragstermin und damit zum Abschluss kommen – nachdem Sie die Gründe für die Einwände des Interessenten

ermittelt und Lösungen gemeinsam erarbeitet haben.
Ein Haus zu verkaufen ist einer der anspruchsvollsten Verkaufsprozesse. Das Traumhaus bauen ist für die Interessenten ein sehr komplexes Vorhaben mit vielen offenen Fragen und vielen zu treffenden Teilentscheidungen. Wie bei keinem anderen Produkt ist hier die geplante und umsichtige Vorgehensweise des Verkäufers gefordert. Wie bei kaum einem anderen Produkt kann beim Hausverkauf vom Verkäufer auch einmal etwas übersehen, überhört, nicht gewissenhaft hinterfragt und vergessen werden. Das Ergebnis ist dann meist die Notwendigkeit, einen zusätzlichen Termin zu dem Prozess hinzuzufügen.

Checkliste 14: Notwendigkeit für eine zusätzliche Stufe (weiterer Termin) im Verkaufsprozess

√ Für Einwände des Interessenten, die nicht im vorherigen Termin erfragt wurden, müssen Lösungen erarbeitet werden.

√ Größere Änderungen und Ergänzungen an den Projekt-Vorschlägen müssen vorgenommen werden, da eine unzureichende Bedarfs- und Motivermittlung durchgeführt wurde oder die Interessenten zwischen den Terminen von anderen beraten wurden.

√ Der Hausverkäufer hat es versäumt, etwas zu fragen oder die Bedürfnisse und Vorstellungen des Interessenten genauestens zu ergründen.

√ Der Hausverkäufer hat es versäumt, beim Ersttermin die gegenseitige Verpflichtung zum Vorgehen einzuholen.

4.6 So gehen Sie wie ein Top-Experte mit Einwänden um

Meine Meinung zum Umgang mit Einwänden ist eindeutig: Eine Einwandbehandlung hat nicht das Ziel, den Interessenten durch Argumente zu einer Entscheidung zu bewegen, die er möglicherweise jetzt noch nicht treffen möchte. Einziges Ziel ist es, herauszufinden, welches der wahre Grund für den Einwand ist, um entscheiden zu können, ob dieser Interessent ein Kunde werden kann oder unüberwindliche Gründe dagegen sprechen. Haben Sie dann festgestellt, dass der Interessent Kunde werden kann, bieten Sie ihm die richtige Lösung an.

Fazit: Einem Einwand mit Argumenten zu begegnen, ist immer falsch.

Ein Einwand deutet auf eine Unsicherheit des Interessenten hin. Er hat noch Fragen oder Zweifel, die ihn in diesem Moment noch von der Kaufentscheidung abhalten. Ein Einwand heißt aber auch: Der Interessent ist ehrlich an einem Abschluss bei Ihnen interessiert. Darum: Freuen Sie sich über jeden Einwand.

Mitunter schaukelt sich in der Einwandbehandlungsphase das verbale Scharmützel im schlimmsten Fall zu einem „Kleinkrieg“ hoch. Allein schon das auf den ersten Blick seriöse „Warum?“ als Entgegnung auf den Kundeneinwand, um den tatsächlichen Gründen für den Einwand auf die Schliche zu kommen, treibt den Interessenten in eine Verteidigungshaltung hinein. Er sieht sich aufgefordert, seinen Einwand zu begründen, warum er mit der Leistung, dem Nutzen oder dem Preis nicht einverstanden ist. Er wird in die Rolle des quengelnden und aufmüpfigen Kindes hineingetrieben, den der

allwissende Erwachsene nach dem „Warum“ seines unangemessenen und törichten Verhaltens fragt.
Geradezu tödlich für den positiven Verlauf des Gesprächs ist die „Ja, aber“-Technik, durch die dem Interessenten zunächst Recht gegeben wird, um dieses Rechtgeben dann jedoch durch das berühmt-berüchtigte „Aber“ in sein Gegenteil zu verkehren. Der Interessent gewinnt den fatalen Eindruck, der Hausverkäufer wolle ihn erst einmal ruhig stellen. Auch die „Ja, und“-Technik dient letztendlich nur der Verschleierung der Taktik, den Interessenten erst in Sicherheit zu wiegen, um ihm dann doch nur durch weitere Argumente zu beweisen, dass er im Unrecht ist – so stellt es sich jedenfalls in der Wahrnehmung des Interessenten oft dar. Der Interessent vermutet, der Verkäufer wolle ihn überreden, vielleicht sogar manipulieren.
Und darum möchte ich Ihnen mit der Fünf-Schritte-Methode eine Vorgehensweise vorschlagen, die Sie in der Einwandbehandlungsphase anwenden sollten.

Fünf-Schritte-Methode der Einwandbehandlung

Also: Der Interessent formuliert einen Einwand. Der Profi-Hausverkäufer reagiert so:

Fünf-Schritte-Methode

- Schritt 1: „Hmm ...“
- Schritt 2: Kurze Pause. Verständnis zeigen. Kurze Pause.
- Schritt 3: Frage stellen, die den wahren Grund des Einwands klärt.
- Schritt 4: Bei der Antwort des Interessenten gut zuhören und weitere Frage stellen, sofern Sie den wahren Grund noch nicht erkennen konnten, und so weiter.
- Schritt 5: Wenn Sie den wahren Grund des Einwandes erfragt haben, Lösung mit den Interessenten erarbeiten.

Die Fünf-Schritte-Methode löst Einwände.
Statt durch Argumente das Gewicht der eigenen Position verstärken zu wollen, versuchen Sie, eine Gesprächssituation herbeizuführen, in der sich der Interessent und Sie wieder auf Augenhöhe begegnen.
Was aber passiert, wenn Sie den wahren Grund auch nach mehreren Fragen nicht ermitteln können oder sich der Interessent verschließt oder abwehrend antwortet? Dann handelt es sich wohl um einen sogenannten Vorwand, also eine Äußerung, die den wahren Grund, der den Interessenten vom Kauf abhält, verschleiern soll.
Dann sollten Sie die „letzte Waffe" einsetzen, die meiner Erfahrung nach immer wirkt. Dabei handelt es sich wiederum um eine Frage:

„Frau und Herr Andracek, ich habe das Gefühl, dass zwischen uns noch irgendetwas nicht besprochen wurde. [Kurze Pause einlegen] *Bitte helfen Sie mir weiter."*

Mit dieser Frage sprechen Sie zwei Ebenen im Unterbewusstsein des Interessenten an:

Warum die „Vorwand-Waffe" immer wirkt

- die vertrauensvolle Gefühlsebene (nochmalige persönliche Ansprache mit Namen und „ich habe das Gefühl") und
- das Bitten um Hilfe: Einer der Grundwerte, die wir von frühester Kindheit anerzogen bekommen, ist, Menschen, die Hilfe benötigen, zu unterstützen.

Mit hoher Wahrscheinlichkeit wird der Interessent jetzt seinen wahren Widerstand benennen.

Wenn der Einwand am Preis zu liegen scheint

Preisverhandlung: ein Kapitel für sich

Vielleicht liegt dieser Einwand dann im Bereich des Preises. Wenn das so ist - wie gehen Sie dann damit um? Das ist allerdings so wichtig und umfangreich, dass man ein Riesen-Kapitel darüber schreiben könnte ... was ich dann auch getan habe. In meinem Buch „Punktlandung im Vertrieb" beschreibe ich mit zahlreichen Beispielen die Umsetzung der Fünf-Schritte-Methode. Im sechsten Kapitel wird dort umfassend das Thema Preisverhandlung erörtert. Hier daher zur Preisverhandlung nur kurz das Folgende:

- Die Entscheidung, ob die Interessenten bei Ihnen kaufen wollen, fällt weit vor der Preisverhandlung.
- Der Profi-Hausverkäufer spricht im ersten Termin über die Investition und klärt die Finanzierungsmöglichkeiten des Interessenten.
- Der Profi-Hausverkäufer nennt den Preis selbstbewusst und lässt nicht zu, dass dieser in Frage gestellt oder diskutiert wird. Sein Selbstbewusstsein drückt sich auch in der Körpersprache und dem Blickkontakt aus, den er zum Interessenten hält.
- Sein Hauptziel ist es, dass nicht der Preis das Vergleichskriterium ist. Er möchte vielmehr, dass den Interessenten die für sie wichtigen Nutzenmerkmale („grüne Lampen") für ihre Entscheidung zur Verfügung stehen.
- Er behält auch in der schwierigen Phase der Preisverhandlung das Heft des Handelns in der Hand.
- Im Außenauftritt ermittelt er nie den Eindruck eines Billiganbieters. Das betrifft sein Erscheinungsbild bei der Werbung, der Öffentlichkeitsarbeit, der Kleidung, dem Fahrzeug und dem Bürostandort.

4.7 Sehen Sie den Abschluss als logische Folge des strukturierten Verkaufsprozesses

Wenn es Ihnen gelungen ist, alle Vorwände auszuschließen und alle Gründe auszuräumen, die den Abschluss noch behindern, befinden Sie sich im Endanflug auf der Landegeraden, die zur Punktlandung führt.

Was dabei wohl so gut wie immer passiert: Der Interessent hat eine allerletzte Frage, einen allerletzten Aspekt, den er ansprechen will. Und dies vielleicht auch, weil sich bei ihm nun doch noch Zweifel regen und ihn die Angst vor dem Abschluss quält:

- *„Habe ich alle Aspekte für eine Kaufentscheidung bedacht?“*
- *„Zahle ich für dieses Haus wirklich den für mich besten Preis?“*
- *„Von wem in meinem Umfeld könnte ich für diese Entscheidung kritisiert werden?“*

Nun ist Ihr psychologisches Fingerspitzengefühl gefragt. Keinesfalls dürfen Sie den Interessenten belehren oder überreden wollen und überheblich auf ihn wirken. Selbst Profis passiert es angesichts der Freude über den fast gelungenen Abschluss, dass Sie auf diese „letzte Frage“ gereizt und nervös reagieren. Besser ist es, wieder mit Fragen zu arbeiten:

- „Wie kann ich Ihnen noch helfen, um zu Ihrer positiven Entscheidung zu gelangen?“
- „Wo sehen Sie noch Risiken für eine positive Entscheidung?“

So wollen Sie auch den letzten Grund aufspüren und ansprechen, durch den der Interessent gehindert wird, dem Hauskauf

zuzustimmen. Zugleich fordern Sie ihn auf – Sie sind der Experte, der den Interessenten wertschätzend führt –, eine Entscheidung in Betracht zu ziehen. Und dies kann aus Ihrer selbstbewussten Sicht nur eine positive sein.
Darum: Versetzen Sie den Interessenten gedanklich in eine Situation, die „nach dem Kauf“ spielt:

„Frau und Herr Andracek, wollen Sie sich jetzt einmal vorstellen, wie es sich anfühlt, wenn Sie gemeinsam mit Ihrer Familie in Ihrem Traumhaus wohnen?“

Setzen Sie als Verstärker nochmals Referenzen ein. Oder zitieren Sie zufriedene Kunden, die eine ähnliche Problemlösung oder eine ähnliche Leistung wie Ihr aktueller Interessent gewählt haben. Eine kreative und viel zu selten eingesetzte Unterstützung besteht darin, den Interessenten bereits jetzt mit denjenigen Menschen vertraut zu machen, die für die spätere Auftragsausführung zuständig sind. Das kann als Nächster der Planer sein. Dann der Bauleiter. Setzen Sie dabei Teambilder ein: Dabei handelt es sich um Bilder und Portraits derjenigen Menschen, die sich um die Auftragsausführung kümmern. Versehen Sie die Portraits mit kurzen, aber prägnanten Aufgabenbeschreibungen und auch ein bis zwei persönlichen Angaben. Zum Beispiel:

Franz Bauschnell, Bauleiter, Diplom-Bauingenieur, verheiratet, drei Kinder

Der Interessent lernt so frühzeitig die Menschen kennen, die für sein Wohlergehen Verantwortung übernehmen wollen. Und zwar mit ihrem beruflichen und privaten Hintergrund. So

entsteht Vertrauen in die fachliche Kompetenz, und so entsteht schon vor dem ersten Kennenlernen ein emotionales Vertrauensverhältnis.
Helfen Sie dem Interessenten, auch die letzte Schwelle zur Kaufentscheidung zu überwinden, indem Sie die folgenden Schritte gehen.

- Schritt 1: Stellen Sie die Frage: *„Wollen wir das dann so machen?“*
- Schritt 2: Sie unterschreiben als Erster die Rücktrittsbelehrung und legen dem Interessenten das Dokument und Ihren Kugelschreiber hin. (Die Hemmschwelle für diese Unterschrit ist gering.)
- Schritt 3: Sie unterschreiben den Vertrag und legen den Interessenten das Dokument zur Unterschrift hin.
- Schritt 4: Jetzt schweigen Sie bitte und sagen nichts mehr. Alles, was Sie jetzt vorbringen, verhindert den Auftrag. Lehnen Sie sich einfach zurück und schauen Sie den Interessenten freundlich und erwartungsvoll an.
- Schritt 5: Der Interessent setzt seine Unterschrift unter den Auftrag und wird zum Kunden.
- Schritt 6: Sie erheben sich, geben dem Kunden die Hand und bedanken sich für das Vertrauen.

Jetzt konkretisieren Sie den Zeitplan zur Projektumsetzung: Der Interessent will wissen, in welchem Zeitfenster was konkret geschieht. Erarbeiten Sie diesen Zeitplan anhand des Arbeitsblattes „Unser gemeinsamer Weg“ aus dem ersten Termin mit Ihren Interessenten. Legen Sie gemeinsam fest, was bis wann zu geschehen hat und wer was bis wann zu erledigen hat.

4.8 Nach dem Abschluss ist vor dem Abschluss

Nach der „Punktlandung Hausverkauf" sind noch einige wichtige Dinge zu beachten, die ich hier nur kurz ansprechen will. Erstens: Vergessen Sie auf keinen Fall, den Kunden zu bitten, Sie weiterzuempfehlen. Stellen Sie dafür die Empfehlungsfrage:

„Frau und Herr Andracek, unser Geschäft lebt von zufriedenen Kunden, die uns weiterempfehlen. Wenn Ihr Hauskauf so abläuft, wie wir es gerade besprochen haben und Sie mit uns zufrieden waren, würden Sie uns dann Ihren Freunden und Bekannten weiterempfehlen? (...) Dann danke ich Ihnen bereits jetzt für Ihre Empfehlungen."

Checkliste „Bordsteinkonferenz"

www.punktlandung-im-hausverkauf.de

Zweitens sollten Sie die „Bordsteinkonferenz nach Auftragstermin" immer auch zu Ihrem Ritual machen. Denn es ist wichtig, dass Sie die frischen Eindrücke nochmal durchgehen und analysieren, was Sie besonders gut gemacht haben und woraus Sie noch lernen können. Mein Tipp: Dazu habe ich für Sie ebenfalls eine Checkliste erstellt, die Sie downloaden können.

So beugen Sie der Kaufreue vor

Drittens sollten Sie der Kaufreue bei Ihrem Kunden vorbeugen. Wahrscheinlich kennen Sie das: Der Interessent hat abgeschlossen und ist nun Ihr Kunde – aber nur fast. Denn ihn befallen doch noch Zweifel: „Habe ich richtig gehandelt? Bin ich wirklich nicht benachteiligt worden? Was werden andere zu meiner Entscheidung sagen?" Diese Gedanken führen zum Rückzug und zum Misstrauen.
In der Psychologie werden diese Selbstzweifel und als unangenehm empfundenen Gefühle mit dem Begriff der „kognitiven Dissonanz" beschrieben: Den Kunden befällt Kauf- oder

Nachentscheidungsreue; dies geschieht zuweilen auch erst zu Hause, jedenfalls nach Beendigung des Kundengesprächs. Im schlimmsten Fall kommt es zur Stornierung des Auftrags.

Beugen Sie diesem Fall vor, indem Sie dem Kunden bereits unmittelbar nach dem Abschluss eine Bestätigung geben und von seiner Entscheidung ein positives Bild zeichnen. Wichtig ist, dem Kunden für das Ihnen entgegengebrachte Vertrauen zu danken und ihm zu der richtigen Entscheidung zu gratulieren. Um der Kaufreue zu begegnen, sollten Sie den Kunden am Tag nach dem Kaufvertragsabschluss anrufen – nehmen wir an, Sie sprechen mit Frau Andracek:

Hausverkäufer: *„Frau Andracek, wie haben Sie heute Nacht geschlafen?“*
Kunde: *„Na ja, so richtig gut nicht. Mir sind noch tausend Gedanken durch den Kopf gegangen.“*
Hausverkäufer: *„Frau Andracek, da sind Sie in guter Gesellschaft. Alle meine Kunden schlafen die erste Nacht nach ihrer Kaufentscheidung schlecht. So ein Hauskauf – das ist ja auch eine wichtige Entscheidung fürs Leben. Ich wollte Ihnen deshalb heute noch einmal bestätigen, dass ich immer noch der Meinung bin, dass wir gemeinsam die richtige Entscheidung getroffen haben. Sollten Ihr Mann und Sie jedoch noch irgendwelche Fragen oder auch Zweifel haben, rufen Sie mich einfach an.“*

Achten Sie darauf, dass der Kunde Ihre Informationen zu dem Hauskauf nie selektiv wahrnimmt, also nur die positiven Aspekte sieht. Die selektive Wahrnehmung mag zwar für die Kaufentscheidung zunächst einmal günstig sein. Sie kann sich aber im Nachhinein als Stolperstein erweisen: Der Kunde lernt die nachteiligen Aspekte erst nach dem Kauf kennen oder wird sich ihrer bewusst. Und dann lehnt er die Kaufentscheidung umso vehementer ab. Im schlimmsten Fall gibt er dem Verkäufer die Schuld an dem vermeintlichen Fehlkauf: „Der hat mich nicht richtig beraten und verschwiegen, dass ..." Darum ist es besser, mögliche Vorbehalte frühzeitig zu erkennen und zu thematisieren. So haben Sie die Möglichkeit, diese sofort im Vieraugendialog auszuräumen.

Fazit: Der Kunde muss spüren und wissen, dass er für Sie nicht allein ein Umsatzbringer und zahlender Kunde ist, sondern in allererster Linie ein Mensch, dessen langfristiges Wohlergehen Ihnen unmittelbar am Herzen liegt. Indem Sie ihm nach dem Abschluss spezielle Service- und Unterstützungsangebote unterbreiten, verdeutlichen Sie ihm Ihren Willen zum Aufbau einer nachhaltigen Kundenbeziehung.

Überlegen Sie überdies, ob Sie dem Kunden ein „Unterstützungsprodukt" oder ein kleines Geschenk zukommen lassen sollten:

„Liebe Frau Andracek, lieber Herr Andracek, die kleine Aufmerksamkeit anbei überreichen wir Ihnen als Ergänzung zu Ihrer gestrigen richtigen Entscheidung."

Diese After-Sales-Maßnahme stellt eine nachträgliche Belohnung für die Kaufentscheidung des Kunden dar – darum sollte das „Unterstützungsprodukt" oder Geschenk möglichst in einem Kontext mit dem Auftragsgegenstand stehen, also dem Hauskauf.

Auch nach dem Abschluss bleiben Sie in Ihrer Führungsrolle –

eben nicht nur während des Verkaufsgespräches, sondern über den gesamten Verkaufsprozess, der nach dem Abschluss noch lange nicht beendet ist.

Fazit: Eine gute Nachbetreuung ist oft Auslöser für Folgeaufträge und damit eine lohnende Investition in die Nachhaltigkeit des Kundenkontakts.

Lassen Sie uns zusammenfassen, was der Kunde zum Abschluss dieses Abschnitts des Verkaufsprozesses erhält.

Checkliste 15: Was erhält der Kunde im Ergebnis der Stufe „Auftragstermin"?

√ Handschlag und Dank für das entgegengebrachte Vertrauen

√ Zusicherung, dass er eine gute Entscheidung getroffen hat

√ Vertrags-/ Bestellungsexemplar

√ Bilder der (zukünftigen) Ansprechpartner

√ „Unser gemeinsamer Weg" (Zeitplan, wie es nach der Auftragserteilung weitergeht)

√ Kleines Geschenk

Wo wird der zufriedene und begeisterte Kunde zuerst hingehen, wenn Sie es schon einmal geschafft haben, seine Erwartungen mehr als nur zu erfüllen? Und wie wird er in der Zwischenzeit über Sie in seinem beruflichen und persönlichen Umfeld reden? Wen wird er empfehlen, wenn er um eine Empfehlung gebeten wird? Die Antwort ist einfach und klar: Sie!

Tipp: Auch für die Projektbesprechungs-/Auftragstermine habe ich eine umfassende Checkliste erstellt, die den idealtypischen Ablauf dokumentiert. Die Checkliste steht Ihnen ebenfalls unter link-wie-immer zum Download zur Verfügung.

Fazit: Beim Projektbesprechungs-/Auftragstermin geht es primär darum, den Kunden zielsicher zum Abschluss zu führen.
Die Punktlandung gelingt, wenn der Profi-Hausverkäufer die Drei-Vorschlags-Methode einsetzt, bei der dem Interessenten drei Entscheidungsalternativen vorgelegt werden. Die Drei-Vorschlags-Methode erhöht die Auftragswahrscheinlichkeit (Abschlussquote) und führt oft zu einem höheren Umsatz.
Auf Einwände mit Argumenten zu reagieren ist immer falsch. Ein Profi-Hausverkäufer setzt die Fünf-Schritte-Methode ein, um durch Fragen den Einwand vom Vorwand zu unterscheiden. So schließt er Schritt für Schritt Vorwände aus. Dann beschäftigt er sich „nur noch" mit dem wirklichen Einwand des Kunden und erarbeitet mit den Interessenten die richtige Lösung.
Bei konsequenter Umsetzung aller Aktivitäten des Profi-Hausverkäufers gestaltet sich der Abschluss als logische Folge des strukturierten Verkaufsprozesses.

5

Nach dem Abschluss ist vor dem Abschluss: Erfolge überprüfen und Kompetenzlücken schließen

Aufgrund meiner Erfahrungen als Profi-Hausverkäufer, Unternehmer und Vertriebstrainer kann ich Ihnen versprechen: Wenn Sie die hier dargestellte Vertriebsmethodik befolgen und Vertriebsprozesse wo immer möglich systematisieren, sich mithin an einem „strukturierten Verkaufsprozess“ orientieren, erhöhen Sie die Effektivität Ihres Vertriebs und machen den Hausverkauf steuer- und kontrollierbar: Es gelingt Ihnen immer besser, Interessenten zu Kunden zu entwickeln und Menschen, die nicht zu Ihrer Zielgruppe gehören und nicht bei Ihnen kaufen werden, frühzeitig zu erkennen. Als Beleg dient die Abbildung 6: Es handelt sich hier um die Erfolgsstatistik eines Unternehmens, welches in der Mehrzahl sehr individuell geplante Häuser erstellt:

- Vor der Einführung des strukturierten Hausverkaufsprozesses fanden häufig fünf und mehr Kontakte statt, bei denen eine Interessentenfamilie nie eine klare Entscheidung getroffen hat. Bis zuletzt waren immer mehrere Hausfirmen „im Rennen“, was die Interessenten auch offen angesprochen haben.

- Nach der Einführung des strukturierten Hausverkaufsprozesses und der darauf folgenden Interessenten(dis)-qualifizierung sind es nun in der Mehrzahl drei Termine.

Dazu kommt, wenn ein Grundstück bereits vorhanden ist, die Grundstücksbesichtigung. Spätestens im dritten Termin trifft der Interessent eine Kaufentscheidung.

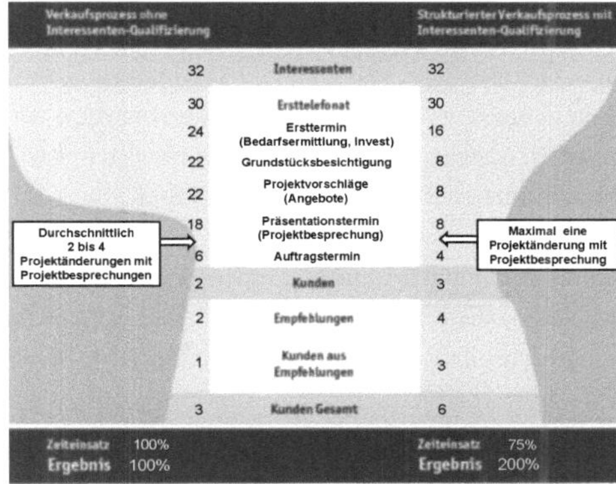

Abb. 6: Nachgewiesene Entwicklung der Vertriebsquoten vor und nach der Einführung eines strukturierten Verkaufsprozesses

Darstellung „Vertriebsquoten"

www.punktlandung-im-hausverkauf.de

Die Abbildung zeigt: Ihre Erfolgsquote wird sich durch den strukturierten Verkaufsprozess mit hoher Wahrscheinlichkeit erhöhen. Andererseits dient Ihnen die Kennzahlenübersicht in der Abbildung dazu, ein Controlling vorzunehmen. An den Quoten lässt sich ablesen, ob es Ihnen gelingt, eine erfolgreiche Interessentenqualifizierung durchzuführen.

Benchmarking – vergleichen Sie Ihre Performance mit den Branchenkennzahlen.

Es ist nicht immer einfach, an Vergleichszahlen in den Branchen zu kommen, doch meist haben die entsprechenden Verbände Zahlenmaterial vorliegen, es gibt nützliche Literatur (wie z.B. Scharp, M. / Galonska, J./ Knoll, M.: Benchmarking

Eine Übersicht interessanter wissenschaftlicher Arbeiten zur Immobilienwirtschaft findet sich beispielsweise hier:

http://www.real-estate.bwl.tu-darmstadt.de/real_estate/index.de.jsp

für die Wohnungs- und Immobilienwirtschaft – Entwicklung einer Balanced Scorecard. IZT Institut für Zukunftsstudien und Technologiebewertung und FWI Führungsakademie der Wohnungs- und Immobilienwirtschaft; WerkstattBericht Nr. 53, 2002) oder Sie nutzen Vergleichskennzahlen bezogen auf allgemeinen Vertrieb bzw. erheben selbst Marktzahlen – meist haben Sie ja Zugang zu befreundeten Unternehmen oder die Erfahrung aus früheren Firmen, in denen Sie oder Ihre heutigen Vertriebsmitarbeiter selbst gearbeitet haben.

Entscheidend ist: Sie haben anhand des eigenen Vergleichs mit Benchmarkzahlen die Möglichkeit festzustellen, in welchen Bereichen bei Ihnen ein Entwicklungsbedarf besteht: Wenn Ihre Erfolgsquote zum Beispiel beim Präsentations-/Auftragstermin deutlich unter dem Benchmark und den Vergleichszahlen liegt, wird ein Weiterbildungsbedarf bestehen.
Als einfaches System, anhand dessen Sie Ihre Performance hinterfragen können, habe ich die „Sieben Prinzipien des Profi-Hausverkäufers" zusammengestellt.

Die „Sieben Prinzipien des Profi-Hausverkäufers"

Die „Sieben Prinzipien des Profi-Hausverkäufers"

- Prinzip 1: Profi-Hausverkäufer sind bei jedem Termin auf den Punkt vorbereitet.
- Prinzip 2: Profi-Hausverkäufer verwenden Checklisten, da ihnen die perfekte Arbeit für den Kunden wichtig ist.
- Prinzip 3: Profi-Hausverkäufer liefern nur kundenrelevante Informationen.
- Prinzip 4: Profi-Hausverkäufer vermitteln dem Kunden, verstanden worden zu sein und ernst genommen zu werden.

- Prinzip 5: Profi-Hausverkäufer (dis-)qualifizieren ihre Interessenten nach vorab festgelegten Kriterien.
- Prinzip 6: Profi-Hausverkäufer zeigen Expertenkompetenz und Professionalität.
- Prinzip 7: Profi-Hausverkäufer nehmen ihre Kunden an die Hand und führen sie mit klaren und transparenten Schritten durch den Entwicklungsprozess zum eigenen Haus.

Nehmen Sie sich bitte die Zeit und überprüfen Sie, ob Sie diese Prinzipien bereits verinnerlicht haben und umsetzen. Denn danach können Sie genau einschätzen, welche Kompetenzlücken Sie auf Ihrem Weg zum Profi-Hausverkäufer noch schließen sollten. Wissen Sie auch, welche Weiterbildungsmaßnahmen – etwa Schulungen, Seminare, Trainings und Coachings – Ihnen dabei helfen können?
Ich freue mich, wenn ich Ihnen mit meiner Expertise als Vertriebsexperte, erfolgreicher Unternehmer und Trainer bei der Auswahl und Durchführung Ihrer persönlichen Weiterbildungsmaßnahmen zur Seite stehen darf. Zur ersten Orientierung nutzen Sie bitte die folgende Checkliste.

Checkliste 16: Entwicklungsschritte zur kompetenzorientierten Weiterbildung

Ziel: Abstimmung der Weiterbildungsinitiativen auf die Ziele des Hausverkäufers

√ Ziele festlegen

√ Soll-Zustand analysieren: Zur Zielerreichung notwendige Kompetenzen bestimmen, zum Beispiel Beratungs- und Verkaufskompetenzen

- √ Ist-Zustand analysieren: vorhandene Kompetenzen in ihrem konkreten Ausprägungsgrad messen
- √ Soll- und Ist-Profil der Kompetenzen abgleichen, Kompetenzlücken feststellen
- √ entsprechende Weiterbildungen/Schulungen (Trainings, Seminare, Coachings etc.) durchführen
- √ Ergebnis: Kompetenzlücken sind geschlossen, Ziele erreichbar

Fazit: Persönlicher Erfolg ist keine Frage des Wissens, sondern eine Frage der Umsetzung. Also: Heben Sie jetzt ab zu Ihrer Punktlandung im Hausverkauf!

Literatur

- Buhr, Andreas: Vertriebsführung. GABAL, 2. Aufl. 2017
- Buhr, Andreas: Vertrieb geht heute anders. Das Ende des Verkaufens. GABAL, 8., vollst. aktualis. u. überarb. Auflage 2019
- Dawo, Jürgen: Verkaufen 2.0. Firmeninterne Broschüre, o.O., O.J.
- Guttenberger, Ralph: Blog für Profi-Hausverkäufer. Punktlandung im Hausverkauf: https://www.punktlandung-im-hausverkauf.de/blog/
- Guttenberger, Ralph: Profi-Hausverkauf: So füllen Sie Ihre Vertriebs-Pipeline. (BoD) Edition Vertrieb, 2019
- Guttenberger, Ralph: Punktlandung im Vertrieb. Wie Sie den Kunden zielsicher zum Abschluss führen. Wiley, 2014
- Heinrich, Stephan: Verkaufen an Top-Entscheider. Springer Gabler, 3., überarbeitete und erweiterte Auflage 2013
- Hohl, Dieter: Führung als Dienstleistung (er)leben. Sieben Wachstumsgesetze als Grundlage für erfolgreiche Führung im 21. Jahrhundert. go! LiveVerlag 2010
- Scheelen, Frank M.; Bigby, David G.: Kompetenzorientierte Unternehmensentwicklung. Erfolgreiche Personalentwicklung mit Kompetenzdiagnostiktools. Haufe-Lexware 2011
- Scheelen, Frank M.: Menschenkenntnis auf einen Blick. Sich selbst und andere besser verstehen. mvg verlag, 6. Auflage 2009
- Taxis, Tim: Heiß auf Kaltakquise: So vervielfachen Sie ihre Erfolgsquote am Telefon. Haufe 2013, 4. Aufl.

Stichwortverzeichnis

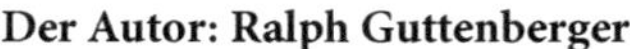

Der Autor: Ralph Guttenberger

Ralph Guttenberger ist Vertriebsexperte, erfolgreicher Unternehmer und Trainer sowie Geschäftsführer und Inhaber des alteingesessenen Weiterbildungsunternehmens Kaltenbach Training.

Warum geht jemand nach einer Karriere als Jetpilot bei der Luftwaffe in den Hausverkauf? Und warum wird derjenige in diesem augenscheinlich völlig anderen Job wieder erfolgreich? Das haben sich nicht nur seine Freunde und seine Familie gefragt. Seine Antwort darauf: „Verkaufen ist wie Fliegen".

Der Hausverkäufer wie der Jetpilot sind in den entscheidenden Phasen ihrer Tätigkeit Einzelkämpfer. Sie setzen sich konkrete Ziele, planen ihre Tätigkeit minutiös und wissen, dass es jederzeit zu Abweichungen vom Plan aufgrund verschiedener äußerer Einflüsse kommen kann. Deshalb müssen sie strukturiert denken und handeln können, eine ausgezeichnete komplexe Wahrnehmungsgabe haben, Situationen in kürzester Zeit analysieren und dann blitzartig die richtigen Entscheidungen treffen.

Der professionelle Hausverkauf und auch das Fliegen erfordern eine lange Ausbildung, unzählige Schulungen und Trainings am Boden. Das jedoch allein bringt keine Meisterschaft. Die Praxis der Kundengespräche macht den Hausverkäufer zum Profi. Die ständigen Flugtrainings machen den Piloten zum Spitzen-Piloten.
Als Jetpilot der Luftwaffe war Ralph Guttenberger am Ende Jagdflieger der Leistungsklasse I, Staffelkommandant und Ausbilder. Er hat junge Piloten zur Perfektion geführt – mit Trainings am Boden und mit ihnen gemeinsam im Kampfflugzeug in der Luft. Coachings auf höchster Ebene, gewissermaßen.
Nach seiner mehr als 25-jährigen Erfahrung als erfolgreicher Unternehmer und nach 17 Jahren im Hausverkauf gibt er nun sein Wissen und seine Erfahrungen an andere Unternehmer und Verkäufer weiter. Er vermittelt ihnen, wie sie zu Spitzenverkäufern oder zu überdurchschnittlich erfolgreichen Unternehmern werden.
Profi-Hausverkäufer oder erfolgreiche Unternehmer werden nicht geboren. Sie werden gemacht. Wie? Die Antwort darauf zu vermitteln, ist Ralph Guttenbergers Berufung.

Weitere Informationen: **www.kaltenbach-training.de**
Ein Profil des Autors finden Sie auch unter: **http://www.xing.com/profile/RalphH_Guttenberger**
… und nutzen Sie auf jeden Fall die zusätzlichen Downloadmaterialien zu diesem Booklet unter **www.punktlandung-im-hausverkauf.de** sowie die aktuellen Beiträge von Ralph Guttenberger unter **http://www.kaltenbach-training.de/blog/** und **http://www.kaltenbach-training.de/newsletter-anmeldung/**